5. et arts 4804.

J'ignore qui est ce M. Landsbergen, mais son Ouvrage
paroit fait sur de bons principes et n'est pas
mal ecrit en françois .1.

S. et arts 3996.

NOUVEAUX PLANS ET PROJETS,

POUR

FORTIFIER, DEFENDRE,

ET

ATTAQUER

LES

PLACES,

PAR FEU MONSIEUR

DE LANDSBERGEN,

Ingenieur au Service de la République des Provinces-Unies.

AVEC DES

FIGURES.

A LA HAYE,
CHEZ PIERRE DE HONDT,
M. DCC. LVIII.

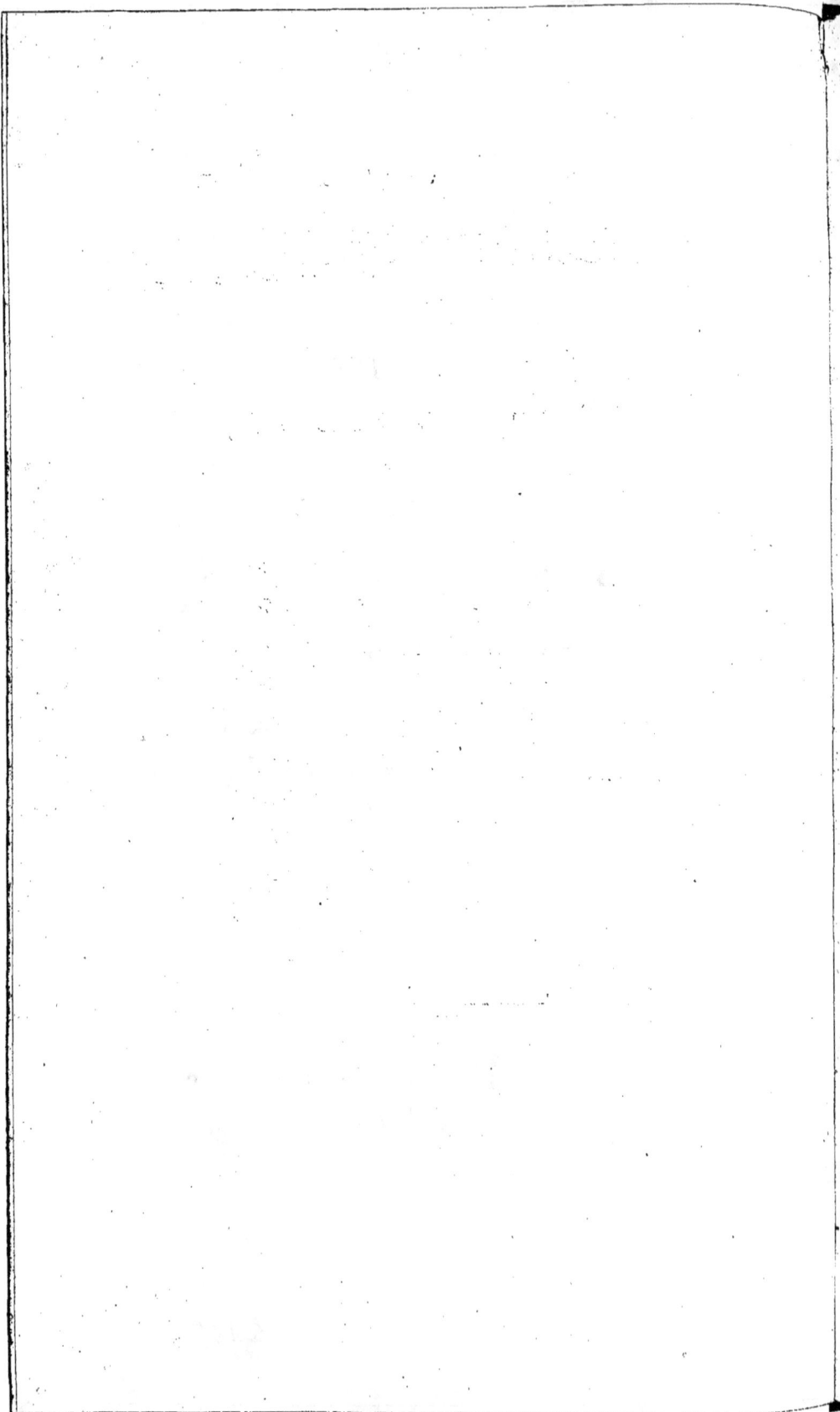

AVIS AU RELIEUR,
POUR PLACER LES
FIGURES.

Durch die gedult vernunft und zeit,
Wird muglich die unmuglich keit.

NOUVEAUX
PLANS ET PROJETS

POUR

FORTIFIER, DEFENDRE, et ATTAQUER

LES PLACES.

L A Maxime qui dit, qu'en tems de Paix il faut se préparer à la Guerre, regarde particulierement les Ingenieurs, ausquels un Prince ou un Etat font l'honneur de commettre & de confier en partie, la sûreté & la conservation des Places de leurs Païs. Dès les premiers tems d'une Paix, l'Ingenieur doit repasser dans son esprit, généralement tout ce qu'il a remarqué pendant la Guerre qui à précédé, avoir contribué ou à la prise, ou à la conservation des Places, afin de travailler sans perte de tems, autant qu'il en est capable, à procurer à son Prince, ce qui peut être reconnu avoir été avantageux, & lui donner lieu de prévenir, ce qui s'est rencontré avoir été préjudiciable.

Au commencement d'un *Discours touchant la Fortification*, que j'ai eu l'honneur de présenter à l'Etat en 1714, j'ai posé pour premier principe, que si le Tout-Puissant ne garde lui-même la Ville, en vain nous veillons à sa conservation & défense. Ce principe est une vérité absoluë, qui se trouve confirmée par l'experience de tous les tems passés; outre qu'il peut survenir des mortalités, des famines, des désertions, & mille autres accidens, que l'homme ne peut prévoir, & ausquels il ne peut apporter de remede.

Ce n'est donc que sous le bon-plaisir de Dieu, & avec son assistance, que nous pouvons construire des Forteresses, élever des Retranchemens, & les défendre contre les plus grands efforts qu'un puissant Ennemi peut employer. Voilà mon principe: C'est sur ce fondement, que j'ai ci-devant fait des Propositions, & que je donne encore ici divers *Plans* & *Projets* de *Fortifications* & de *Retranchemens*, avec des réflexions que l'experience de plusieurs Siéges m'a donné lieu de faire, & qui me paroissent utiles, pour assûrer, humainement parlant, les Frontieres & le Terrain d'un Païs, en cas d'attaque de la part d'un Ennemi.

Autrefois on avoit crû, qu'il y avoit des Places, que la Nature rendoit imprenables: on s'étoit ensuite persuadé, que l'Art joint à la Nature, & même que l'Art seul, pouvoient mettre des Forteresses en état de ne craindre aucune insulte; mais après avoir vû emporter ce qui sembloit être de plus fort, l'opinion commune a été, qu'il ne pouvoit plus y avoir de Forteresses imprenables. Cette derniere opinion s'est établie & soûtenuë, sur ce qu'on a remarqué, que les Forteresses sont construites de telle maniere, que ceux qui les attaquent, peuvent toûjours mettre le double, & même quelque fois

A   six

six pieces de Canon contre une, en Contre-Baterie, pour démonter les défenses d'une Place, comme je le ferai voir dans la suite. Sur-quoi il est à remarquer, qu'une Forteresse n'est proprement composée que de trois Pieces; savoir, la *Face*, le *Flanc* & la *Courtine*. La plus petite de ces trois pieces est le *Flanc*, qui doit défendre les deux autres, la *Courtine* & la *Face*. Il n'est donc question, que de démonter le *Face*, & de faire brèche dans la *Face*, pour emporter une Forteresse; ce qui se fait en postant une Baterie à la pointe du Bastion: alors on évite la *Courtine* & la *Face*, qui ne pouvant plus servir que trop obliquement, c'est-à-dire, trop de côté, deviennent par conséquent des membres inutiles pour toute défense.

Par cette démonstration on comprendra facilement, que le *Flanc* est la meilleure piece d'une Fortification. Les Ingenieurs *Speckle*, le Comte de *Pagan*, & *Rimpler* nous le font assez connoître. Le dernier des trois nous parle d'un *Quarré*, qui doit avoir tout *Flanc*, comme on peut le remarquer dans son Discours; car il dit que le *Flanc* & la *Face* peuvent défendre la *Courtine*, & que la *Courtine*, peut réciproquement défendre le *Flanc* & la *Face*. De cette maniere tout est *Flanc*; c'est-à-dire, que chacune des trois pieces sert à la défense de la Place, de même que le *Flanc*.

On dit que *Rimpler* a tiré son Quarré de la Méthode de *Speckle*: cela se peut, d'autant que ce dernier Auteur montre dans le Plan Æ, qu'il peut défendre la *Face* d'un *Bastion*, avec le *Flanc* & la *Face* de l'autre *Bastion*, & avec une partie de la *Courtine*. Mais que *Rimpler* ait tiré son Quarré de la méthode de *Speckle*, ou de *Pagan*, ou de quelqu'autre, cela n'est d'aucune conséquence pour un Ingenieur: il lui suffit, que le Quarré & cette maniere de défense puissent être utiles pour le service de son Souverain.

Pour peu qu'on veüille entrer en examen, on trouvera, qu'une Forteresse, qui est tout *Flanc*, est meilleure qu'une autre, dont le *Flanc* n'est que d'environ la huitiéme partie d'un *Poligone*. Cette étenduë, comme le dit trés bien *Rimpler*, n'est point du tout proportionnée à l'Attaque qu'un Ennemi peut faire à cette derniere Forteresse, & elle ne peut servir à lui opposer force contre force.

La Forteresse quarrée, que *Rimpler* a proposée, m'a parue fort juste. Il en parle, sans en donner de Plan; mais l'ayant dressé moi-même suivant ce qu'il en a dit, je l'ai trouvé conforme à son raisonnement. Il s'y rencontre néanmoins les difficultés suivantes. La construction d'une telle Forteresse coûtera beaucoup, comme il le dit lui-même, page 123. de son Traité. De plus, chaque Commandant ne pourra pas aisément comprendre la maniere de défendre une pareille Forteresse: Enfin, en suivant tout ce qu'il propose, la défense extérieure devient trop oblique pour le simple Soldat, souvent mal adroit; il lui faut une défense droite, pour qu'il ne soit point obligé de viser long tems dans les occasions.

Il vaudroit donc mieux, ce me semble, au lieu du *Quarré*, dont cet Auteur forme huit *Poligones*, ou *Tenailles*, en tracer un avec douze *Tenailles*. Alors l'Angle extérieur aura 60. degrés, & l'Angle rentrant sera droit, ou de 90. degrés: on pourra y poster du Canon dans le *Chemin couvert*, pour découvrir & raser la Campagne, comme on le voit dans le *Plan A*. ci-joint. L'Ingenieur *Speckle* a donné de cela une idée, & j'ai trouvé par experience dans les occasions, que le Boulet de Canon, qui est tiré horizontalement, est beaucoup plus à craindre, & fait plus de ravage dans les logemens, que celui qui est tiré d'un Ouvrage élevé.

Le

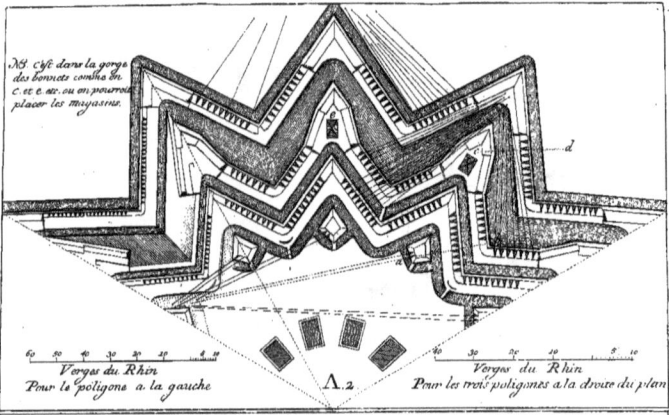

d

Verga du Rhin
Pour le poligone a la gauche

Verga du Rhin
Pour les trois poligones a la droite du plan

Λ.2

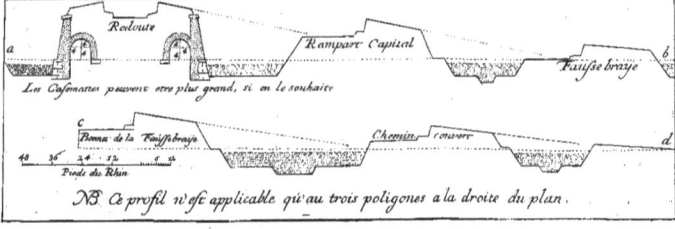

a   Redoute   Rampart Capital   b

Les Casemattes peuvent etre plus grand, si on le souhaite

Fausse braye

c   Fossa de la Fausse braye   Chemin couvert   d

Pieds du Rhin

N.B. Ce profil n'est applicable qu'au trois poligones a la droite du plan.

A

Rhynlandse Rhoedens.

Le *Chemin-couvert* étant ainſi établi, on pourra conſtruire le Corps de la Place ſuivant la même forme, en lui donnant pareillement douze *Tenailles*, comme il ſe voit dans le Plan A. en ſorte qu'on ſeroit de même en état de flanquer dans le *Chemin-couvert* avec une Baterie de dix à douze pieces de Canon, pour en empêcher l'entrée aux Aſſiégeans, après que dans une occaſion, on en auroit retiré le Canon.

On pourra même entourer le Corps de la Place d'une *Fauſſe-braye*, ſi le Prince vouloit en faire la dépenſe. *Rimpler* l'eſtime beaucoup: il m'a auſſi paru qu'il avoit raiſon, & j'en ai marqué une dans le *Poligone* A. & N. où eſt le Pont: on pourra y poſter ſix pieces de Canon, qui aideroient à flanquer dans le *Chemin-couvert*, & à diſputer le paſſage du *Foſſé*. Il eſt très-certain, que cette Baterie étant à platte terre, & y ayant un bon *Parapet* de vingt pieds d'épaiſſeur ſur la *Couronne* avec de bonnes *Embrazures*, s'il n'étoit pas impoſſible, il ſeroit au-moins très-difficile de la démonter, & je puis dire avec vérité, que je ne ſçais point comment cela pourroit ſe faire: c'eſt d'ailleurs une défenſe aiſée, & facile à comprendre à de braves gens bien réſolus de ſe défendre.

En effet, ſi l'on vouloit ruiner ce bas *Flanc*, de la *Fauſſe-braye*, il faudroit trouver le moyen de dreſſer dans la Campagne une Contre-Baterie, qui devroit être de vingt à trente pieds de hauteur. Eſt-il à croire que les Aſſiégés voudroient le ſouffrir, tant qu'ils auroient du Canon dans le *Chemin-couvert*? Et quand même les Aſſiégeans ſeroient entrez dans le dit *Chemin-couvert*, il n'y a pas aſſez de place, pour y dreſſer ladite Contre-Baterie, comme on le peut voir dans l'*Angle* D. où j'en ai marqué une ſeulement de trois pieces de Canon, qui eſt tout ce que la grandeur du terrain peut permettre, & qui ſera vûë de deux *Flancs* du Corps de la Place & de deux des Bateries de la *Fauſſe-braye*.

Poſons que le Canon, qui ſera poſté dans le *Chemin-couvert*, pourroit être démonté, cela prendra toûjours du tems, & s'il en reſte ſeulement cinq ou ſix pieces, les Aſſiégés n'auroient pas d'autre choſe à faire, qu'à obſerver la Tranchée des Aſſiégeans, & lors qu'ils auroient pouſſé une Ligne, & ſeroient venus proche, car c'eſt là, comme on ſçait, où il faut aller doucement avec les eſpeces de ſapes, des gabions aux deux côtés, & des Traverſes en dedans: en faiſant là une Ligne de la longueur de trente à quarante pas, & à remplir ſeulement les gabions on y employe ſouvent toute une nuit: les Aſſiégés n'auroient point d'autre choſe à faire avec ces cinq ou ſix pieces, que de renverſer un bout de cette Ligne imparfaite; ce qu'ils pourroient faire à la pointe du jour en deux heures de tems. Ceux qui ſçavent ce que c'eſt qu'un Siége, n'ignorent pas, que c'eſt beaucoup pour les Aſſiégeans, de perdre une nuit, & d'être obligés de recommencer ces ſortes d'Ouvrages.

Cependant comme chaqu'un n'entend pas cette maniere de diſputer le terrain dans la défenſe des Places, le plus ſûr ſeroit d'avoir des Foſſés bien flanqués; car c'eſt là, où les Aſſiégeans doivent s'arrêter, & prendre des meſures pour les combler, comme le diſent pluſieurs anciens Ingenieurs, & ceux qui ont eu l'occaſion de faire quelques obſervations dans les Siéges que nous avons faits pendant la derniere Guerre, auront ſans doute auſſi remarqué, qu'ils nous ont donné beaucoup de peine à les combler, & même ceux qui étoient ſecs; puiſque pour les paſſer, il faut ſe couvrir en flanc.

C'eſt donc dans le *Chemin-couvert* & ſur le bord du Foſſé, qu'on peut attendre les Aſſiégeans. Nous voyons par les Relations des Ingenieurs, qui ont été employés au Siége de *Candie*, ce que le Canon peut faire dans la défenſe

A 2

des

dès Places, quand il eſt bien poſté ; puiſque les Turcs furent obligés d'abandonner l'Attaque d'un Poligone du côté de la Campagne, à cauſe qu'ils ne
pouvoient pas trouver le moyen d'en démonter le Canon, qui étoit poſté ſur
les Flancs, ils ſe jettérent du côté de la Mer, où ils ne trouvérent pas la
même difficulté, & où ils réüſſirent à leur ſouhait.

Le *Chemin-couvert* & le Corps de la Place étant ainſi diſpoſés, on pourra
poſter dans chaque Angle une *Redoute* en dedans de la Place, comme je les
ai marquées. Si l'on vouloit les entourer d'une muraille & d'un foſſé rempli d'eau, cela ſeroit encore mieux, en mettant un Capitaine avec cinquante Mouſquetaires dans chacune, avec trois ou quatre pieces de Canon de
huit livres de balle. Ie laiſſe à juger à ceux qui entendent un peu la défenſe
d'une Place, s'il ſeroit poſſible à des Aſſiégeans d'entrer dans le Corps de la
Place, avant que d'avoir démonté le Canon de ces *Redoutes*, lequel ſeroit,
ſi l'on vouloit, poſté dans des eſpeces de *Caſemattes* couvertes contre les
Bombes.

Peut-être trouvera-t-on cette Place encore trop grande pour une Citadelle, & que les Puiſſances ne pourront pas bâtir de ſi grandes Fortereſſes
par tout : J'en conviens auſſi, mais il y a moyen de la faire plus petite ;
par exemple celle-ci eſt de 560. toiſes en diametre d'un angle ſaillant
du *Chemin-couvert* à l'autre, qu'on peut très-bien réduire juſqu'à 360.
& alors on trouvera que tout ſera encore très-bien proportionné, ſans y
rien changer : on pourra toûjours mettre huit pieces de Canon ſur chaque face du Corps de la Place, & cinq ou ſix ſur la face de la *Fauſſe-
braye* qui ſeront ſuffiſantes, pour diſputer l'entrée du *Chemin-couvert*,
comme auſſi le paſſage du grand Foſſé, & pour faire une bonne défenſe. Un
Ingenieur qui entend la Géometrie, n'y trouvera point de difficulté, &
ſi l'on en trouve touchant l'angle rentrant du Corps de la Place, qu'on
appelle Angle mort, on y pourra faire une Courtine, & la défenſe reſte-
ra toûjours de même.

Il s'eſt rencontré des perſonnes qui, en mon abſence, n'ont pas fait difficulté de m'accuſer, comme ſi je prétendois propoſer & ſoûtenir, qu'on
pourroit conſtruire une Fortereſſe imprenable à tous égards ; mais je ſuis
bien perſuadé, que les perſonnes intelligentes, qui prendront la peine d'examiner tout ce que j'avance, conviendront, que je propoſe ſeulement, qu'on
peut réſiſter contre la force d'un Ennemi, c'eſt-à-dire, contre ſon Artillerie,
c'eſt le ſens auquel la Propoſition doit être priſe ; & cela ſe peut en effet :
ſoit qu'on oppoſe à l'Ennemi force contre force c'eſt-à-dire, autant de Canon dans la Place pour ſa défenſe, qu'il pourra en employer dans la Campagne, pour l'attaquer ; comme je l'ai demontré dans les premiers *Plans*,
que j'ai préſentés en 1712. ou que, comme je le propoſe dans celui-ci, on
poſte les *Flancs*, de maniere que ceux de la Place auront toûjours ſuffiſamment de bonnes Bateries pour ſe défendre, & les Ennemis n'auront point
aſſez de terrain, pour pouvoir les démonter. c'eſt le ſens de mon Siſtême.

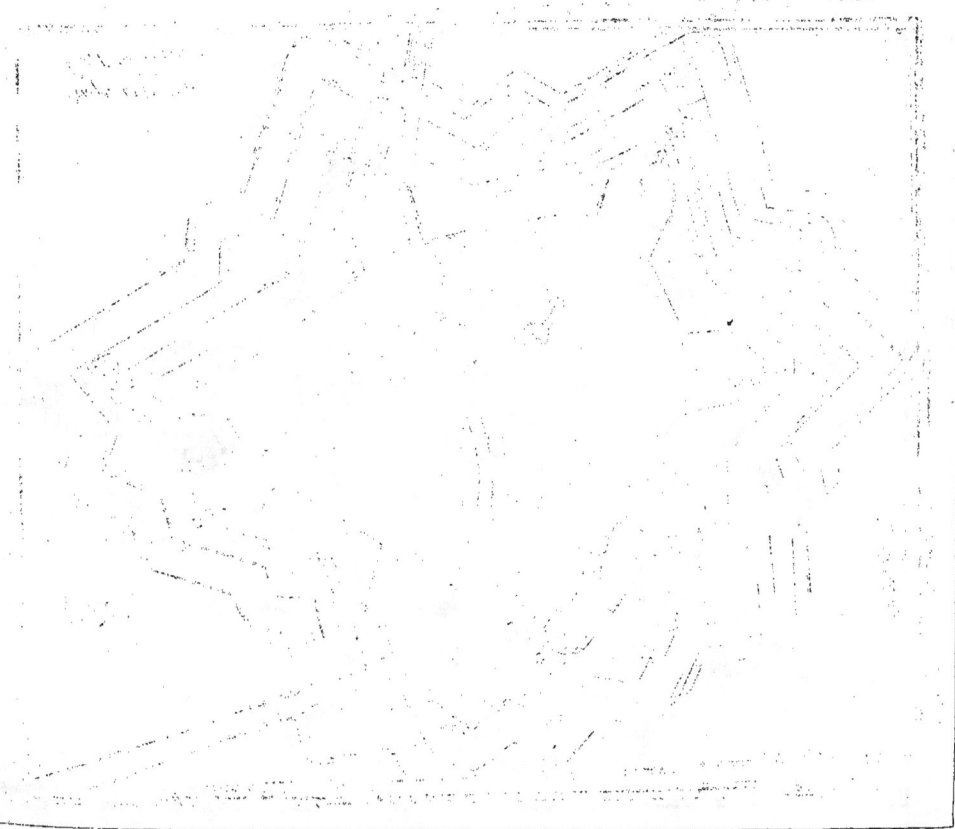

la Ville de
WOERDEN.

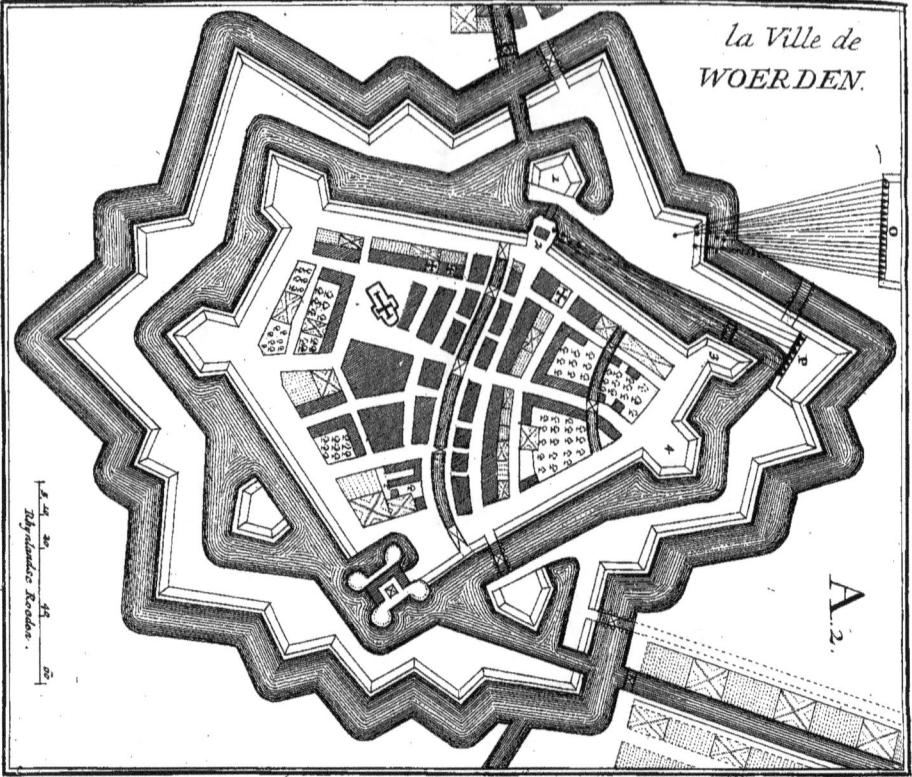

A.2.

Nouveau Projet
de Woerden.

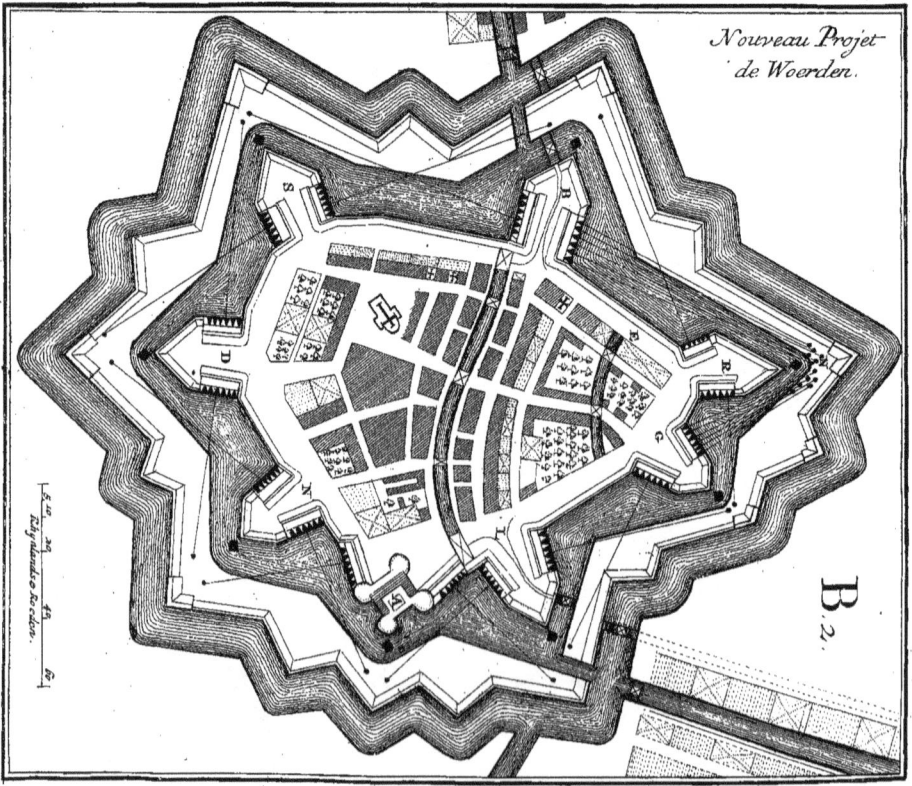

B.2.

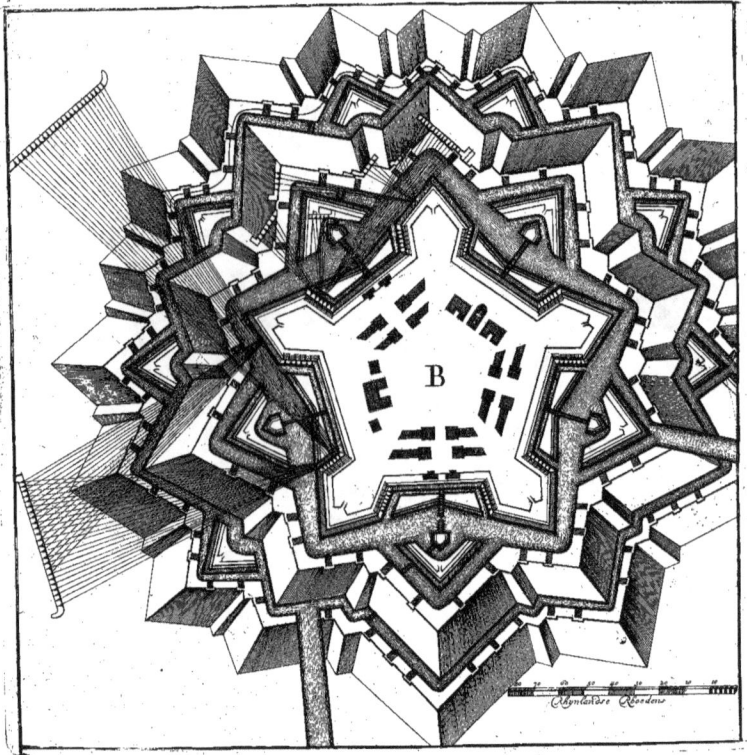

B

Rhynlandse Roedens

EXPLICATION DU *PLAN*

B.

POur mieux expliquer le *Plan* précédent, j'ai crû que ceux qui aiment à mediter & raisonner sur cette matiere, prendroient plaisir à le voir mis en paralelle avec celui de quelqu'une des plus considerables Places de ce tems-ci, afin de pouvoir plus sensiblement en remarquer la difference. J'ai choisi pour ce sujet la Citadelle de *Lille*. C'est le *Plan* B. ci-joint. L'Ingenieur qui l'a construite, n'a rien négligé, pour la mettre dans le meilleur état de défense suivant la méthode ordinaire.

Après donc avoir fait voir au *Plan* A. comment on peut défendre une Place construite suivant ce modele, je tâcherai de montrer dans celui-ci, la maniere, dont on peut attaquer la Citadelle B. sans néanmoins avoir dessein d'en méprifer aucunement la construction, étant certain, qu'elle contient tout ce qu'on peut desirer de plus fort pour une défense, suivant la Méthode ordinaire, bons *Flancs*, *Tenailles* dans le Fossé, *Ravelins*, *Lunettes*, & double *Chemin-couvert*, avec un grand *Glacis*, qui s'étend vers la Campagne.

Je ne m'attacherai pas à critiquer, que l'Ingenieur n'a point ajouté au Corps de la Place des *Oreillons*, ni *Flanc*-courbé, où l'on prétend cacher une piece de Canon. Ceux qui entendent la chose, sçavent fort bien, qu'on ne peut pas défendre une Place avec une piece de Canon seule. S'il pouvoit y en avoir six de cachés, cela mériteroit réflexion.

Je m'arrêterai seulement à faire remarquer, qu'il se trouve dans la méthode du *Plan* A. des avantages très-considerables, qui ne se rencontrent point dans celle du *Plan* B. Les voici. On voit en premier lieu, que dans le *Plan* B. les Assiégés ne peuvent point avoir de Canon dans le *Chemin-couvert*, pour raser & croiser la Campagne, afin de donner sur les Bateries des Assiégeans en tems de Siége, & que s'ils y en avoient, il seroit deux ou trois cent pas plus proche des Bateries des Ennemis, que ne seroit celui qui sera posté sur les Bastions du Corps de la Place.

Dans le *Plan* A on peut fort bien poster jusqu'a vingt ou vingt-cinq pieces de Canon sur chaque Face dans le *Chemin-couvert*; de sorte qu'on seroit toûjours prêt, en cas d'attaque, de donner avec cinquante pieces sur la Baterie des Ennemis, de quelque côté qu'ils vinsent à la dresser; & si, contre toute attente, il leur arrivoit de perfectionner cette Baterie dans la Campagne, les Assiégés auront toûjours du tems suffisamment, pour retirer le Canon du *Chemin-couvert*, & le faire sûrement transporter dans le Corps de la Place.

Je demande présentement aux Connoisseurs, qui ne prennent point plaisir à critiquer inutilement, mais qui s'appliquent, à rechercher le solide, & l'utile, si ce n'est pas un très-grand avantage pour des Assiégés de pouvoir dès l'abord se batre contre des Assiégeans à coups de Canon posté, pour ainsi dire, à fleur de terre, lequel ne pourra que très-difficilement être démonté, puis qu'on sçait par expérience, qu'une Baterie horizontalement postée, ne donne point, ou que très-peu de prise.

Et quand même les Assiégeans trouveroient d'une ou d'autre maniere, le moyen de perfectionner leur Baterie, en la couvrant, ce que néanmoins je ne comprens pas qu'ils puissent faire, il est toûjours certain, que s'ils veulent

tirer fur le *Parapet* du *Chemin-couvert* du *Plan* A. pour en démonter le
Canon, il faut néceffairement qu'ils la découvrent ; alors les Affiégeans &
les Affiégés fe trouvent, comme l'on dit, à deux de jeu ; & n'eft-il pas
naturel que les derniers avec un bon *Parapet*, foient plus en état de s'oppofer au Canon des premiers, que ceux-ci ne le pourront être, pour foûtenir, avec un *Parapet* imparfait, l'effort du Canon de ceux-là? J'ajoûte,
qu'il eft naturel & démonftratif, que dans le *Plan* A. le Canon du *Chemin-
couvert*, qui eft à rafe Campagne, & deux ou trois cent pas plus proche
de la Baterie des Affiégeans, peut faire un meilleur effet, contre ladite Baterie, que le Canon qui fera pofté fur les Baftions du Corps de la Place du
Plan B. Il me femble que cela ne devroit point rencontrer de contradiction.

Le Proverbe, *ce qu'on voit, eft vû*, qui eft en ufage parmi les Ingenieurs,
eft ici fort jufte, & même un Axiome ; car une Baterie de 40. à
50. pieces de Canon des Affiégeans peut voir les Affiégés, & ceux-ci
les voyent réciproquement avec une Baterie de pareil nombre de pieces de
leur *Chemin-couvert*. Mais voici une difference fort confiderable : la Baterie des Affiégés dans le *Chemin-couvert*, aura toute fa perfection, au lieu
que celle des Affiégeans à la Campagne fera à faire, & doit être perfectionnée à la vûë des Affiégés.

En fecond lieu, la Baterie des Affiégeans au *Plan* B. peut d'abord commencer à démonter les Bateries fur les *Faces* & les *Flancs* des Baftions du
Corps de la Place, comme on peut le voir fur le dit Plan. Cela fait, on
peut prendre le *Chemin-couvert*, & s'y loger, à quoi les Traverfes font d'un
très grand fecours aux Affiégeans ; car elles les conduifent pour ainfi dire,
au bord du Foffé, en leur fervant de bons épaulemens, qui les couvrent en
Flanc ; & d'ailleurs n'ayant plus à craindre que la Moufquetterie, on
peut facilement, comme je l'ai montré dans un autre Ecrit, fe couvrir contre l'effort de la balle de Moufquet.

Or le *Flanc* du Corps de la Place démonté, il eft certain que les Affiégés
ne feroient plus en état de difputer le paffage du grand Foffé aux Affiégeans, qu'avec la *Tenaille* devant la *Courtine* ; mais on ne tient point compte de cette défenfe, parce qu'elle eft trop oblique, & qu'il eft tout-à-fait
impoffible d'y pofter du Canon, qui devroit faire la meilleure défenfe.

On fçait, que quand la Bréche eft faite dans le Baftion, le *Flanc* démonté, & la *Gallerië* pouffée jufqu'à la Bréche, on donne l'Affaut général,
s'il arrive que les Affiégés laiffent venir les chofes à l'extremité ; ce qui fe voit
rarement à préfent : Il ne paroît pas même de la prudence, qu'un Commandant veüille en ufer autrement ; d'autant que le Retranchement, qu'il pourroit faire derriere la Bréche en une telle occafion, ne pouvant être qu'imparfait, fi les Affiégeans viennent à l'emporter dans la chaleur de l'Action,
il eft perdu fans reffource lui, la Ville, & toute la Garnifon. C'eft auffi ce
que l'Ingenieur *Rimpler* trouve de plus rude, que quand un feul Baftion eft
emporté, toute la Ville l'eft en même tems.

Si dans l'Attaque du *Plan* A. les Affiégeans vouloient dreffer une Baterie
femblable à celle qui fe voit fur le *Plan* B. il eft certain qu'ils ne pourroient
batre quel le *Parapet* du *Chemin-couvert*, lequel avec la *Fauffe-braye*, cou-
vriroit le Corps de la Place d'une maniere, qu'il leur feroit impoffible de
le découvrir de la Campagne. Il faudroit qu'ils trouvaffent le moyen d'élever leur Baterie à la hauteur de vingt ou trente pieds, pour découvrir le
Rempart de la Place ; & c'eft ce que je puis dire, n'avoir jamais vû dans
une vingtaine de Siéges, auxquels j'ai eu part. On fçait la peine qu'il y a
à les

à les dreſſer à platte terre, ſans leur donner un Rempart; & pour le *Chemin-couvert*, j'ai ſuffiſamment fait connoître, qu'il n'y a pas aſſez de Place, pour y éléver une Baterie.

Quand même, d'une ou d'autre maniere, que je ne puis nullement concevoir, les Ennemis trouveroient moyen de faire Bréche dans le Rempart, & d'en démonter la défenſe, il reſteroit toûjours dans le Corps de la Place les *Redoutes*, qu'il ne leur ſeroit pas poſſible de découvrir, parce que le Rempart leur ſert de *Contregarde*, & par conſequent ils ne peuvent les abbatre, ſur tout ſi le Souverain vouloit faire la dépenſe d'y mettre le Canon à couvert contre les Bombes; ce qui pourroit ſe faire à peu de fraix, comme il eſt aiſé de le montrer; & tant que le Canon de ces *Redoutes* ne ſera point démonté, il ne ſera pas poſſible aux Aſſiégeans d'entrer dans le Corps de la Place.

Explication touchant la Dépenſe.

Il ne ſeroit pas néceſſaire de donner ici une Explication touchant la dépenſe de la Fortereſſe propoſée ci-deſſus, ſi elle ne devoit être examinée que par des Ingenieurs, qui pourroient facilement comprendre, où les Ouvrages auront beſoin de maſſonnerie, quelle hauteur & épaiſſeur on lui devroit donner; ce qui ſe juge ſuivant la hauteur de la terre que la muraille doit ſoûtenir; mais d'autant que ces nouveaux *Plans & Projets*, pourront peut-être ſe rencontrer entre les mains d'autres perſonnes de diſtinction, gens de Guerre ou autres, qui ſeroient bien aiſe de voir quelque détail au ſujet de cette dépenſe, j'en donnerai une idée ſuffiſante, pour que ceux-là même, qui n'ont point étudié la Géométrie, la puiſſent facilement entendre.

Et pour rendre la choſe encore plus ſenſible, j'en uſerai, comme a fait l'Ingenieur *Rimpler*, lors qu'il a mis en paralele une Place avec une autre, les Forter}ſſes de ſa façon avec celles, qui étoient conſtruites ſuivant l'uſage de ſon tems. Il meſure les Ouvrages ſeulement par la longeur de leurs lignes, comme par exemple, les *Faces*, les *Flancs*, & la *Courtine*, ſuppoſant en général les Ouvrages, mis en paralele l'un avec l'autre, également hauts & de la même épaiſſeur.

Je trouve cependant qu'il n'eſt pas beſoin de meſurer, ni de confronter les uns avec les autres tous les Ouvrages de terre, mais ſeulement les lignes, où l'on pourroit faire de la maſſonnerie, lors que le Souverain le ſouhaiteroit, les voici.

La circonference du Corps de la Fortereſſe A. eſt de ſept cent quatrevingt verges, meſure du Païs du *Rhin*. - - - - - - 780.

La circonference du Corps de la Fortereſſe B. à meſurer les *Faces*, les *Flancs* & les *Courtines*, comme auſſi les *Faces* des Ravelins, eſt d'environ ſept cent nonante verges du *Rhin*. - - - - - - 790.

Poſons préſentement qu'on veuille faire une muraille au Corps de la Fortereſſe A. de la hauteur de celle des Ravelins de la Citadelle B. qui ſera ſuffiſamment haute, il eſt évident par le nombre de verges, que la dépenſe pour la circonference de A. ſera moindre que n'a été celle pour la circonference de B.

Les douze Cavaliers ou Redoutes en dedans la Fortereſſe A. à meſurer les Faces & les gorges enſemble, ont environ cinq cent ſeptante verges du *Rhin* - - - - - - - - 570.

Si la Citadelle B. étoit parfaite, il y auroit dix *Lunettes* détachées: il y a outre cela cinq *Tenailles* dans le grand foſſé: à meſurer les Faces des

Lunettes & des *Tenailles*, elles auront enfemble environ cinq cent feptante verges du Rhin - - - - - - - - 570.

Faifant donc la muraille des Cavaliers dans A. de la même hauteur & épaiffeur que celle des *Lunettes* & *Tenailles* dans B. la dépenfe fe trouvera égale dans l'une & l'autre Fortereffe à l'égard de ces Ouvrages.

Cette Maffonnerie feroit fuffifante pour la Fortereffe A. mais dans la Fortereffe B. il fe trouve que la gorge des *Ravelins* eft maffonnée, de même que celle des *Lunettes*: la *Tenaille* dans le Foffé du côté du Corps de la Place & le revers du grand Foffé font encore maffonnés, & tous ces maffonnages montent à une dépenfe très-confiderable, qui ne fe rencontre point dans le *Plan A.*

Pour les Ouvrages de terre, il ne paroît pas néceffaire de les mefurer. Po-fons qu'il y en ait dans les deux Fortereffes; fi l'on vouloit pourtant faire le calcul de ces grands Glacis & des Traverfes dans les *Chemin-couvert*, on trouveroit que dans B. il y a eu plus du double de terre à remuer, qu'il ne pourroit y en avoir dans A. & auffi par conféquent plus de dépenfe.

Je ne donne point de regle pour la profondeur du grand Foffé devant la *Fauffe-braye:* on fe reglera fuivant la terre, dont il fera befoin tant pour ladite *Fauffe-braye*, que pour le Rempart capital & les Cavaliers en dedans du Corps de la Place.

Il n'eft pas néceffaire que le Canon du Rempart capital, donne dans la Campagne, par deffus les autres Ouvrages, mais feulement dans le *Chemin-couvert*, & pour la défenfe du grand Foffé, qui entoure la *Fauffe-braye*; d'autant que la force d'une Fortereffe ne confifte pas dans la hauteur du Rem-part, mais en ce que les Ouvrages fe couvrent, & fe défendent les uns les autres, comme j'ai ici montré qu'ils doivent le faire.

Si cependant on ne vouloit point avoir le Rempart bas, qu'on le voulût haut élevé, pour que le Canon pût donner dans la Campagne, les Souve-rains en font les Maîtres; mais alors, fi l'on y joint de la maffonnerie, elle doit être à proportion de ce haut Rempart, afin de le foûtenir, & c'eft ce qui coûte. Je fuis néanmoins comme perfuadé, que quand par une bonne démonftration on fera connoître aux Puiffances, qu'un Rempart moins éle-vé avec une muraille peu épaiffe, pourra faire une auffi bonne & même meil-leure défenfe, qu'un Rempart haut, & une muraille épaiffe, elles ne fe-ront pas difficulté de préférer la moindre hauteur & la moindre épaiffeur, à une plus grande, afin d'épargner un argent, qui pourroit plus utilement être employé à quelque chofe de plus néceffaire dans une Fortereffe.

Lors que les Remparts ne font point converts par des Ouvrages exterieurs, comme *Fauffe-brayes*, *Ravelins*, *Contregardes* & autres, & qu'on y peut craindre une Efcalade, les plus hauts font, fans contredit, les meilleurs contre ces fortes d'entreprifes & les furprifes; mais lors que ces Ouvrages détachez s'y rencontrent, & qu'ils couvrent un Rempart, & le cachent à la vûë des Affiégeans, comme ils le doivent, & qu'outre cela, il y a une défenfe intérieure, qui eft, ou doit être le folide d'une Fortereffe, il eft très-certain qu'un Rempart bas, difpofé d'une maniere, qu'il peut flanquer dans le *Chemin-couvert*, eft meilleur qu'un plus haut; d'autant, qu'étant bas & couvert, il donne moins de prife au Canon des Affiégeans, & de plus, en une Attaque, il ne comblera pas le Foffé, comme fera le haut élevé; ce qui mérite une attention particuliere pour la décifion du plus ou du moins de dépenfe qui fe rencontre dans la conftruction des Fortereffes.

EX-

C

S. Rhetens R.

EXPLICATION DU *PLAN*

C.

APrès avoir attentivement médité fur le *Plan* de la Citadelle de *Lille*, dans le tems que les Alliés, s'en étoient rendus les Maîtres de même que de la Ville, il me fembla, qu'en moins de deux mois de tems, & pour la fomme de douze ou quinze mille écus, on pourroit mettre cette Citadelle en tel état, qu'il ne feroit pas poffible aux Affiégeans, de la reprendre par la force de l'Artillerie. Je me perfuadai, qu'on pourroit faire la même chofe à l'égard de *Bethune* & de *Aire*. Cinquante mille écus, ou cent vingt-cinq mille florins de *Hollande*, fuffifoient pour ces trois Places. J'avouë que la chofe ne paroiffoit pas poffible; mais ce ne font pas les apparences, qui doivent décider de la vérité ou de l'erreur d'une Propofition. Il faut qu'un Ingénieur donne des Démonftrations évidentes, pour prouver ce qu'il avance. C'eft pourquoi je n'avois pas manqué en 1712 & 1713. d'expliquer, & de démontrer en diverfes occafions les Projêts, que j'avois conçûs à l'égard de ces trois Fortereffes; mais comme je n'ai peut être pas dit tout ce qui étoit néceffaire, pour mettre la démonftration dans une entiére & parfaite évidence, je me fuis réfolu de la donner ici par écrit & plus ample & plus précife, afin que les perfonnes qui entendent la Fortification, puiffent mieux juger, de la juftefle & de l'utilité de mes Obfervations, & de mes Projêts.

Je commencerai d'abord à mettre devant les yeux le Projet, que j'ai formé fur la Citadelle de *Lille*. Le *Plan* B. qu'on à vû ci-deffus, eft celui de cette Citadelle, comme elle étoit, lors que les Alliés en ont fait le Siége, & le *Plan* C. montre le Projet avec les changemens & les augmentations, qui m'ont paru devoir y être faites pour fa défenfe. Quoique cette Place n'appartienne plus à mes Seigneurs les Etats Généraux, le *nouveau Plan*, que j'en propofe, donnera lieu aux Ingénieurs de prendre une connoiffance plus particuliere de cette Méthode de fortifier, pour former d'autres Projêts, qu'on pourra mettre en pratique pour la fûreté de la Frontiére de ces Provinces, & celle de diverfes Fortereffes, auxquelles la même méthode feroit facilement employée avec utilité.

Pour ne point donner de détail fuperflu de la manière, dont la Fortification de cette méthode eft compofée; & que l'on peut facilement remarquer par la vûë du *Plan* C. je rapporterai feulement, comment je m'y fuis pris, pour l'augmenter en force, en ne faifant qu'une dépenfe médiocre pour cette augmentation.

J'ai commencé par tracer un *Foffé* fec autour du premier *Chemin-couvert* fur le *Glacis*; qui eft vers la Campagne, y laiffant un *Parapet* de vingt-quatre pieds d'épaiffeur fur fa *Couronne*, ôtant toutes les Traverfes du *Chemin-couvert* à l'entour de la Place.

Enfuite fur le fecond *Chemin-couvert*, j'ai tracé des Ouvrages, en forme d'un Baftion détaché, ayant *Faces* & *Flancs*: Je les appelle *Contregardes*: ce ne font proprement que des Bateries, que j'y crois néceffaires, pour difputer l'entrée du premier *Chemin-couvert*, & le paffage de l'avant-foffé, qui entoure lefdites *Contregardes*. Je prens pour aides les *Faces* des Ravelins, comme auffi celles des Baftions de la Place. Les petits Cavaliers, que je trace dans ces *Contregardes*, peuvent fervir, pour couvrir les Bateries de revers, fuppofé qu'il y eût des hauteurs à l'entour.

Je change auffi les *Tenailles* dans le Foffé capital, en leur donnant des *Flancs* perpendiculaires fur la ligne de défenfe : alors ils feront plus propres pour défendre le dit Foffé, s'il en étoit de befoin. Je ne change rien aux *Lunettes*, ni aux Ravelins, ni au Rempart de la Place.

Il femble qu'il ne feroit pas néceffaire d'expliquer plus amplement ma penfée, touchant l'ufage de cette Méthode. Je ne doute point qu'un bon Commandant, à qui la défenfe d'une Place conftruite fuivant les régles, que j'ai pris la liberté de propofer, feroit confiée, ne fût en état d'empêcher l'Ennemi d'entrer dans le *Chemin-couvert*, & qu'il en rendroit bon compte, s'il avoit feulement cinq ou fix Bataillons dans la Place, & cinquante ou foixante pieces de Canon de huit ou douze livres de balle. Si je vais entrer dans une explication encore plus étendue fur les utilités de cette Méthode, ce n'eft que pour faire remarquer, que je puis donner une Démonftration encore plus précife à ce fujet.

Premierement à l'égard du *Plan* B., le grand *Glacis*, qui eft vers la Campagne, & qui entoure le premier *Chemin-couvert*, eft fait pour couvrir les gens qui font poftés dans le dit *Chemin-couvert*, & pour difputer l'approche aux Ennemis avec la Moufquetterie. Il donne auffi le moyen de recevoir le fecours, lors qu'on en attend, & pour faire des forties, lorsque la Garnifon fe trouve en état d'en faire. Les forties feroient très-dangereufes pour ceux qui doivent approcher du Glacis, fi le dit *Chemin-couvert* étoit difpofé à pouvoir aifément fortir, faire fon coup, & y rentrer auffi-tôt, pour s'y mettre en fûreté ; mais on y eft tellement enfermé avec les Palliffades & les Traverfes, qu'on ne peut fortir, que par une ou deux ouvertures de cinq ou fix pieds de largeur ; & fi les Affiégeans fe tenoient fur leurs gardes, & qu'ils vouluffent pourfuivre la Garnifon, ils pourroient la couper, ou ils feroient dans le *Chemin-couvert*, auffi-tôt que les Affiégés. Si même ils vouloient ne point entrer dedans, ils peuvent fe placer fur la Crête près les Palliffades, & les charger à coups de Fufil, en front & en flanc enfermés dans leurs poftes. C'eft une chofe que nous fçavons par l'expérience, que nous en avons faite dans les Affauts.

Je dis de plus, que fi les Ennemis veulent rifquer du monde, & qu'ils ayent deffein d'entrer dans le *Chemin-couvert*, comme je viens de le dire, ils chargeront, ou prendront tout ce qui y eft enfermé, & ils pourront enfuite faire un logement à leur aife ; car ils n'y auront à craindre que des coups de Fufil : Or il eft très-facile de fe couvrir contre la Moufquetterie, comme je l'ai fuffifamment démontré dans le Difcours, que j'ai donné en 1712. Je ne dis pas que les Ennemis pourroient faire la même chofe, fi le *Chemin-couvert*, n'étoit pas embaraffé des Traverfes, & qu'il y eût des Bateries bien poftées en des endroits propres, pour flanquer dedans à bons coups de Canon ; mais il n'en eft pas ainfi, & le contraire fe voit par tout dans la Fortification ordinaire.

Pour donc faire des forties plus avantageufement, fuppofé qu'on en voulût faire, je ferois d'avis qu'on mît une rangée de groffes Palliffades au milieu de ce Foffé fec, que je propofe. Les Palliffades devront être de fix pouces de diametre, & dix-huit de circonference : on y feroit plufieurs petites Portes ou Barrieres de la largeur de deux pieds & demi, qui pourront être faites de Palliffades-mêmes à très-peu de fraix : on pourra tenir ces Portes ouvertes, lors qu'on voudra faire une fortie, faire fortir tout à la fois autant de monde, qu'on voudra, même des Bataillons entiers, renverfer

les

les logemens des Ennemis, mettre le feu aux Gabions & Faffines, puis fe retirer derriere ces Palliffades & fermer les Portes. Ceux du *Parapet* du *Chemin-couvert*, pourront favorifer la retraite avec du Canon & de la Mouf-quetterie; & il ne feroit pas poffible aux Ennemis de pourfuivre la Garni-fon, qui pourroit en toute fûreté fe retirer premierement derriere lesdites Palliffades, & enfuite dans le *Chemin-couvert*.

Secondement, les Traverfes font entierement inutiles dans le *Chemin-couvert*, comme je l'ai démontré: bien plus, ces Traverfes font au préju-dice de la Garnifon & favorables aux Affiégeans: On l'a vû en divers Siéges, & je l'ai particulierement fait remarquer à ceux de *Lille*, de *Mons*, de *Douay*, & de *Aire*, où elles nous ont fervi d'épaulement, & nous couvroient très-bien en flanc: fans cela il nous auroit fallu beaucoup plus de tems pour faire les logemens. Tous les Officiers en font convenus C'eft pourquoi je n'en ai point placé dans le *Chemin-couvert* fuivant la nou-velle Méthode que je propofe. Il faut au contraire, qu'il foit libre, pour que le Canon puiffe mieux y jouer & flanquer. On ne doit pas crain-dre les enfilades & revers: on peut facilement s'en garantir avec des Bonnets fur les Angles faillans..

Afin d'être bien en état de difputer à l'Ennemi l'entrée dans le premier *Chemin-couvert*, & le paffage du Foffé, qui entoure les Contre-gardes, outre les Bateries poftées fur lesdites Contre-gardes, j'en ai pofté une autre fur la Face du Ravelin, & encore une fur celle du Baftion du Corps de la Place; en forte que la Baterie de la *Contregarde* I. qui eft devant le Baftion du Corps de la Place, & celle de la Face dudit Baftion, peuvent défendre la Contregarde L. devant le Ravelin; & la Face du Ravelin peut réciproquement défendre la Contregarde I. & flanquer dans le *Chemin-couvert*, comme je l'ai marqué avec des traits, & les Ennemis ne peuvent appercevoir ces Bateries, que lors qu'ils feront entrés dans ce *Chemin-couvert*-même. Or je dis, qu'il eft impoffible à l'Ennemi de trou-ver dans ce *Chemin-couvert* fuffifamment de la place pour des Contre Ba-teries capables de démonter toute cette défenfe. Et c'eft-là le miftere, & le fort de la Démonftration, pour prouver combien il fera difficile, pour ne pas dire impoffible, qu'une Place de cette nature puiffe être emportée par la force de l'Artillerie de l'Ennemi. Si quelque Ingenieur, qui n'auroit point fait de Siéges, vouloit m'objecter, que ces Bateries pourront être dé-montées par les Bombes, je ne me mettrai nullement en peine de lui répon-dre, bien perfuadé, qu'il fera contredit par tous ceux qui auront l'expe-rience du contraire. Je puis dire, que dans tous les Siéges, où j'ai été em-ployé comme Ingenieur, je n'ai jamais vû des Bateries démontées par les Bombes feules. Elles n'ont pas été épargnées dans les Siéges de la derniere Guerre; j'ai bien vû démonter une piece par-ci par-là, c'eft-à-dire, un af-fut, mais il eft aifé d'en remettre un autre à la Place, fur-tout quand on a la communication libre, comme j'ai fait voir qu'on la peut avoir dans le *Plan* C. On pourroit-même avoir des affuts femblables à ceux, dont on fe fert fur les Vaiffeaux de Guerre, qui peuvent mieux réfifter que les autres, & ne donnent pas tant de prife.

Pour ce qui regarde préfentement la dépenfe du *Plan* C. on pourroit facilement en donner un calcul exact, fi l'on étoit fur le Terrain, où l'on pourroit exactement faire les Profils, & prendre les dimenfions. Je le ferai feulement ici, comme l'on dit, à la cavaliere. Par exemple, le Foffé fec, que j'ai tracé fur le premier Glacis autour du *Chemin-couvert*, il eft large de vingt-quatre pieds, où quatre toifes, à prendre toute la cir-

con-

conference de dix-huit cent toiſes multipliées par la largeur de quatre toiſes, font ſept mille deux cent toiſes ; que ce Foſſé ait une toiſe de profondeur, & que chaque toiſe cube coûte un écu de tranſport, pour en
hauſſer le Parapet, & le gazonner: s'il y a trop de terre pour le dit Parapet, on peut jetter le ſurplus qui reſte, ſur le Glacis, & le faire égaliſer :
c'eſt tout ce qu'il y auroit à faire à ce *Chemin-couvert*, & alors la dépenſe ſera de la ſomme de ſept mille deux cens écus.

Les *Contregardes* ſur le ſecond *Chemin-couvert*, à prendre, l'une portant l'autre, la longueur des *Faces* & des *Flancs* de cent-vingt toiſes, enſemble les dix font douze cent toiſes, qui multipliées par quinze pieds ou
deux toiſes & demie, qui eſt l'épaiſſeur desdits Ouvrages, aſſez épais,
puis qu'ils ne ſont point vûs des Bateries des Ennemis, font enſemble
trois mille toiſes, à un écu la toiſe cube ; ce qui fait la ſomme de trois
mille écus. Il faut remarquer, que la hauteur desdites *Contregardes* n'eſt
que d'une toiſe, n'étant pas beſoin, qu'elles commandent audeſſus du
Parapet du premier *Chemin-couvert*, mais qu'elles puiſſent ſeulement flanquer dans le dit *Chemin-couvert*, & diſputer le paſſage du Foſſé, qui
regne à l'entour des *Contregardes*, & qu'on appelle communement *Avant-
foſſé*.

Les petits Cavaliers dans les *Contregardes*, à prendre l'un portant l'autre,
la longueur de leurs *Faces* & *Flancs* de cinquante toiſes, font cinq cent
toiſes les dix, à deux toiſes de largeur le *Parapet*, & une de hauteur, qui
ſuffiſent, puis que ces Cavaliers ne ſervent que pour couvrir les Bateries des
Contregardes des revers de la Campagne, comme je l'ai déja marqué, ce
ſont pour les dix enſemble, mille toiſes, qui à un écu chaque toiſe cube,
font la ſomme de mille écus. Et toutes les ſuſdites ſommes jointes enſemble, font celle de onze mille deux cens écus pour tous les ſuſdits
Ouvrages.

Je ne compte pas les *Tenailles* dans le grand Foſſé, parce que les changemens, que j'y fais, ne ſont qu'une ſpéculation, de même que les petites
Fléches ſur le premier Glacis. Les *Tenailles* ne ſeroient que pour la défenſe
du grand Foſſé, où je trouve que cette précaution n'eſt pas néceſſaire, puisque je montre, qu'on peut empêcher l'Ennemi d'entrer dans le *Chemin-couvert*; & les eſpéces de *Fléches*, ne ſervent que pour couvrir les enfilades du Foſſé ſec, qui ſera pour faire des ſorties ; & puis qu'il n'eſt pas
néceſſaire d'en faire, il n'eſt pas non plus néceſſaire de faire lesdites *Fléches*. Si l'on veut abſolument les faire, on voit bien, qu'on le peut à peu
de fraix. Pour tout le reſte que j'ai ſpécifié, il eſt abſolument néceſſaire
pour une véritable défenſe, & un Ingenieur, qui entend le Profil des Ouvrages, trouvera, que la ſupputation, que j'ai faite dudit Projet, ne pourra pas monter plus haut, puiſque le tranſport de la terre eſt par tout proche, & facile à remuer en ces endroits; car la terre pour le *Parapet* du premier *Chemin-couvert*, on la prend dans le Foſſé ſec, comme je l'ai montré ;
& pour les *Contregardes* du ſecond *Chemin-couvert* on la prend auſſi ſur le
Glacis tout proche de chacune des *Contregardes*, autant qu'on en aura beſoin, prenant ſeulement garde de ne point y laiſſer des inégalités.

Voilà la Démonſtration de ce Projet, tant pour la conſtruction des Ouvrages, que pour le calcul des fraix, & la manière de défendre une Fortereſſe conſtruite ſuivant le Plan C On trouvera, que je n'ai pas même employé toute la ſomme que j'avois d'abord ſpécifiée, & l'on connoîtra par-là
encore mieux, que j'avois eu raiſon d'avancer, que la dépenſe pour la conſtruction du *Plan C*. ne ſeroit pas fort conſidérable.

Des

Des Ingenieurs trouveront peut-être, qu'il y aura trop d'Ouvrages aux Forteresses avec cette augmentation; mais ils changeront bien-tôt de sentiment, s'ils considerent en premier lieu, que dans le *Plan* C. les *Lunettes*, n'y seroient plus utiles, en y ajoutant les *Contregardes*; & pour en être plus assûrés, ils n'ont qu'à jetter les yeux sur le Poligone & demi du côté de la Ville, où par hazard il ne s'en rencontre point, & ils remarqueront, s'il leur plaît, par les lignes que j'ai tirées, que les Bateries, qui y sont postées, peuvent beaucoup plus librement flanquer dans le *Chemin-couvert*. En second lieu, les petits *Ravelins*, qui sont dans les grands, n'y seront plus nécessaires, ni les *Tenailles* dans les grands Fossés; mais on peut les y laisser, lors qu'ils y sont déja, afin d'épargner les fraix, qu'il faudroit faire pour les ôter; autrement il vaudroit mieux, qu'ils n'y fussent point: la défense en seroit plus libre, & l'on auroit plus de Place dans les *Ravelins*.

Une autre objection qu'on pourroit me faire, & qui paroît plus spécieuse, est qu'il seroit besoin d'une trop grande quantité de Canon dans une Forteresse, telle que je la propose, où l'on voit des Bateries marquées presque par-tout. Ma réponse est, que j'ai marqué les Bateries par-tout, où elles peuvent être nécessaires en cas de Siége, afin de les avoir toutes prêtes, & que le Soldat ne soit pas obligé de travailler avec précipitation. Il n'y à aucune personne entenduë dans la défense d'une Place, qui ne convienne facilement de ce que je dis. Puis qu'une Place peut-être attaquée par tous ses côtés, il n'y en a point qui ne doive être préparée, autant qu'une bonne défense le demande: les Places pour le Canon doivent donc aussi être toutes prêtes en tous endroits, où il peut être nécessaire, mais pour le Canon même, il suffit qu'il y en ait effectivement autant dans la Place, que l'on peut en avoir besoin, pour les attaques que peuvent faire les Assiégeans, qui n'ont coûtume de dresser des Bateries, que contre quelques Ouvrages. Suivant les Bateries des Assiégeans, les Assiégés sont en état de poster leur Canon de défense sur les endroits, où il est jugé nécessaire. Lors qu'il arrive qu'une Baterie des Assiégés est renduë inutile par celles des Assiégeans, les Assiégés peuvent encore en retirer à tems le Canon, & le faire transporter sur d'autres endroits, tout disposés à en faire usage contre l'Ennemi. Outre cela, supposons que la Ville & la Citadelle de *Lille*, étant au pouvoir des Alliés, il fût arrivé, que la Citadelle ayant été fortifiée suivant le *Plan* ici proposé, les Ennemis fussent venus l'attaquer par le même endroit, par où elle avoit été attaquée par les Alliés, sçavoir le Poligone & demi du côté de la Ville, & que les Assiégés eussent mis sur chaque Baterie cinq pieces de Canon, elles auroient fait en tout le nombre de soixante pieces, qui étant seulement de six à huit livres de balle, auroient été suffisantes, d'où il est évident, qu'il ne seroit pas besoin d'une trop grande quantité de Canon, pour la défense de la Forteresse suivant le *Plan* C. Bien plus, je ne puis pas voir qu'avec les Bateries marquées aux endroits, où elles le sont, & le nombre de pieces de Canon que j'ai demandées, on pût avoir besoin d'une nombreuse Garnison: quatre ou cinq Bataillons me paroissent plus que suffisans, & alors on feroit une épargne véritablement considerable, étant très-certain que le Canon ne coûte point à entretenir, mais que les Bataillons coûtent beaucoup.

Enfin, il y en a qui disent, suivant le Proverbe commun, *qu'il faut ceder à la force*. Ils ont raison: je le dis aussi, & je le démontre Géométriquement dans le *Plan* B. où j'ai marqué une Attaque, qui fait voir, que les Assiégeans peuvent avoir quarante-huit pieces de Canon en Baterie dans la Campagne, contre six, qui sont, ou qui pourroient être postées sur un *Flanc*,

D &

& c'eft toute la force de cette Place, La démonftration eft très-claire, & tous les Ingenieurs doivent en convenir. Voilà donc huit pieces dans l'attaque contre une dans la défenfe. Je crois que c'eft ici, qu'on doit dire, qu'il faut que les Afliégés *cédent à la force*.

Je démontre le contraire dans le *Plan* C. où j'ai pofté dix ou douze pieces de Canon, fur deux Bateries, qui peuvent flanquer dans le premier *Chemin couvert*, pour empêcher les Afliégeans d'y entrer, & dreffer leurs Contre-Bateries; & de la Campagne, ils ne pourroient pas voir cette défenfe, puis que le *Parapet* du *Chemin-couvert*, lui fert de Contregarde. C'eft à cet égard que je fuis de fentiment, & je crois, que tous les Ingenieurs, qui ont de l'experience, en feront aufli, que ce feroit ici aux Afliegeans à *céder à la force*.

On doit bien remarquer, que je ne fais pas la chofe générale. Je ne dis pas qu'on puiffe empêcher les Afliégeans de venir jufqu'au *Chemin couvert*. Je dis feulement, que je ne puis pas concevoir, qu'ils puiffent y entrer, tant qu'il y aura du Canon dans la Place. D'autant qu'il ne leur eft pas poflible de dreffer des Contre-Bateries dans le *Chemin-couvert*. Cela m'a fait conclure, qu'ils ne pourroient pas démonter les Bateries, qui feroient fur les *Contregardes*, & fur les Faces des *Ravelins*, non plus que celles qui fe-roient aufli fur les Faces des *Baftions* du Corps de la Place, qui difputent l'entrée dudit premier *Chemin couvert* & le paffage du Foffé, qui entoure lesdites *Contregardes*; & tant que ces Bateries ne feront point démontées, peut-on concevoir qu'il foit poflible à des Afliégeans de paffer l'Avant-foffé, à moins que les Afliégés ne fuffent des lâches au dernier degré; ce qui ne peut en aucune maniere être foupçonné, & encore dans un tel cas, il fe-roit vrai de dire, que ce ne feroient pas les Afliégeans, qui auroient forcé le paffage, mais les Afliégés, qui le leur auroient laiffé libre? Il s'agit ici d'Afliégeans & d'Afliégés également braves, les uns pour attaquer une Pla-ce, & les autres pour la défendre.

Il eft certain que les Afliégés auront dans cette place, un très-grand avantage fur les Afliégeans, à caufe de la conftruction des Bateries, & ceux qui ont acquis une connoiffance folide dans l'attaque & la défenfe des Places, ne feront nullement furpris du nombre des Bateries, marquées avec les em-brafures du Canon, puis qu'on fçait bien que ce n'eft point le nombre des Baftions, mais le nombre des attaques, qui regle la quantité du Canon, comme plufieurs Ingenieurs experimentés l'ont déja fait connoître : il eft feulement queftion de bien examiner la chofe, & je laiffe volontiers l'exa-men du *Plan* C. & le jugement des Projets que j'ai propofés, à toutes perfonnes qui entendent l'Art de conftruire les Forterefles, de les atta-quer, & de les défendre, & qui fe font un devoir de juger fans préven-tion, felon la vérité & la juftice.

EX-

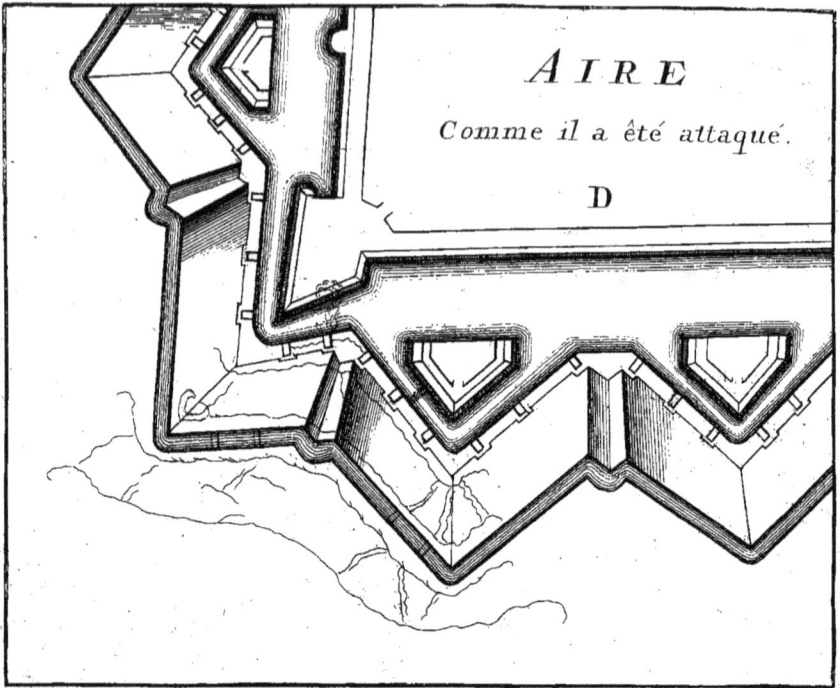

AIRE

Comme il a été attaqué.

D

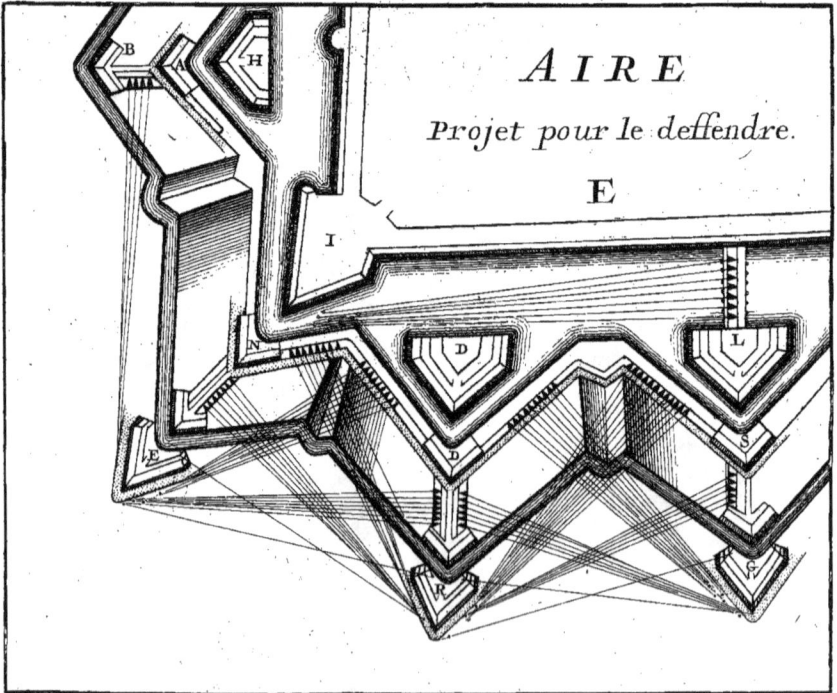

AIRE

Projet pour le deffendre.

E

EXPLICATION DU *PLAN*

D.

Voici un fecond *Plan*, qui eft celui de la Ville d'*Aire*, dont j'ai feulement choifi une Attaque. C'eft celle de la gauche, qui, à ce qu'on a dit, auroit été la meilleure dans la fuite, fi la Garnifon ne s'é-toit pas renduë. Cette queftion feroit préfentement inutile, je me con-tente de dire, pour le but que je me propofe, que cette Place n'eft pas for-te fans une puiffante Garnifon, mais que fa fituation eft très-avantageufe pour être fortifiée, que l'étant, elle pourra être défenduë avec peu de mon-de, & qu'en peu de tems & à peu de fraix elle peut être renduë une Place très-confiderable.

On doit fçavoir, que la force d'une Place ne confifte point en de grands Baftions détachés, & mal flanqués par le Corps de la Place, ou par d'autres Ouvrages détachés. Au-contraire, ces Baftions font au préjudice de la Place. On a vû à des Places, Affiégées, que quand les Affiégeans avoient emporté un de fes Baftions, ils s'y logeoient comme dedans une Forterefse : Ils y trouvoient même fuffifamment de la Place pour leurs Contre-bateries, pour batre la Forterefse & y faire brêche : Il n'étoit pas poffible à la Garnifon ni de les en déloger, ni feulement de leur difputer la communication, ou à coups de Canon, ou à coups de Moufquet, comme cela eft néceffaire en une telle occafion.

Nous avons vû d'autre part, en plufieurs rencontres, qn'un petit Ouvrage détaché donnoit autant de peine à prendre, & quelque fois plus qu'un grand. Si les uns difent, que dans un grand Baftion on peut mettre plus de monde à proportion, pour le défendre, que dans un petit, d'autres fçavent aufsi fort bien répondre, qu'un grand Ouvrage, qui a de grandes *Faces*, donne plus de prife aux Affaillans qu'un petit ; de forte qu'il y a toûjours du pour & du contre, & les uns & les autres ont leurs raifons ; mais j'eftime qu'un petit Baftion, qui peut-être bien défendu, & donner lieu de difputer le terrain à l'Ennemi aufsi bien, & autant de tems qu'un grand, eft fans contredit pré-ferable à celui là, d'autant qu'il coûte moins de dépenfe au Prince, & que les Affiegés peuvent mieux le défendre. La Démonftration en eft facile

En premier lieu, la conftruction d'un grand Ouvrage coûte plus que celle d'un petit : chacun le fçait. En fecond lieu, dans un grand Ouvrage il faut à proportion plus de monde, pour le défendre, que dans un petit, comme il a été déja dit, & par conféquent, plus de provifions en cas de Siége ; ce qui coûte & embaraffe : cependant elles font fi néceffaires, que venant à manquer, on eft fouvent obligé de rendre les Places. En troifié-me lieu, un petit Baftion détaché peut être mieux défendu du Corps de la Place, ou du *Chemin-couvert* qu'un grand ; ce qui néanmoins demande une démonftration que je donnerai en fon lieu.

La force d'un Baftion détaché, ou de quelques autres Ouvrages de Forti-fication, ne confifte point proprement en leur propre défenfe, mais bien plus dans l'affiftance qu'ils peuvent recevoir des Ouvrages voifins. Je fçai que cela n'eft pas toujours obfervé ; mais fi l'on vouloit bien examiner la chofe, qui me paroît être de la derniere conféqence, je fuis perfuadé, qu'on trouveroit qu'elle devroit néceffairement être obfervée, & ne devroit ja-mais être negligée.

Si l'on veut bien prendre la peine de faire attention au *Plan* D. ci-joint, & l'examiner, je m'assûre, que l'on conviendra avec moi, que les Ouvrages n'en sont pas bien disposés, pour pouvoir se flanquer réciproquement les uns les autres, comme cela devroit être, & que l'Avant-fossé n'est défendu seulement que de la Mousquetterie.

Outre ce que j'ai dit à ce sujet dans le Discours précédent, j'espere qu'on prendra plaisir de me voir expliquer encore plus le sentiment, où je suis, qu'on doit, & qu'on peut faire consister la meilleure défense, & par conséquent la plus grande force d'une Place, dans la défense du *Chemin-couvert*, pour disputer le passage de l'Avant-fossé par l'assistance des petits Bastions, détachés des especes de Fléches, qu'on pourra poster au delà de l'Avant-fossé. La chose paroît d'abord difficile, mais ceux qui entendent, comment on attaque, & comment on défend les Places, la comprendront facilement, lors que j'aurai fait voir, comment lesdits Ouvrages pourront être postés, & comment on pourra les défendre.

L'Ingenieur, qui a construit la Citadelle de *Lille*, a bien prévû la difficulté qu'il y auroit à bien défendre l'Avant-fossé, sans qu'il y eût quelques Ouvrages au delà dudit Avant-fossé. C'est pour cela qu'il a ordonné des *Lunettes* dans l'Angle rentrant, & il les a entourées d'un second *Chemin-couvert*. Plusieurs Ingenieurs l'ont imité en cela; mais je trouve que les Fléches seroient mieux postées sur l'Angle saillant, où elles pourront réciproquement se défendre l'une l'autre, & être secondées par le *Chemin-couvert*. Car c'est l'assistance de ce *Chemin-couvert*, que je trouve la plus sûre & la meilleure, d'autant qu'on peut y poster de bonnes Bateries, qui n'auroient rien à craindre de la part des surprises, tant que les Assiégeans n'auroient point emporté les Ouvrages détachés, & qu'ils n'auroient point comblé l'Avant-fossé.

Nous sçavons par experience, que des Bateries des Assiégés horizontalement postées, ont souvent obligé les Assiégeans de changer les Attaques dans des Siéges; parce que leurs Tranchées en étoient enfilées & renversées, & qu'eux Assiégeans ne pouvoient pas trouver le moyen de démonter ces Bateries des Assiégés.

On pourroit bien citer plusieurs exemples, & les endroits où cela s'est vû; mais ce sont des choses arrivées en nôtre tems, & que la plupart des Connoisseurs sçavent, c'est pourquoi il me semble qu'il n'est pas nécessaire de les nommer. On sçait, que les Bateries, qui sont postées sur un Rampart haut élevé & découvert, donnent cependant beaucoup de peine, pour les abbatre, quoi qu'un haut Rampart donne entierement prise à l'Ennemi, qui peut le voir depuis le haut jusqu'au bas; combien donc une Baterie postée dans le *Chemin-couvert*, où l'on ne verra seulement que la Couronne du *Parapet*, causera-t-elle plus de difficulté? J'ai trouvé des Officiers très-entendus dans l'Artillerie, qui disoient franchement, qu'on ne pourroit l'abbatre à coups de Canon: c'est aussi mon sentiment, lors qu'elle sera faite, comme elle doit l'être, & comme je le propose.

EX-

EXPLICATION DU *PLAN*

E.

MOn fentiment étoit d'ajufter ce *Chemin-couvert* de la maniere, dont on le voit ici dans le *Plan* E. On auroit pû y placer de l'Artillerie, pour défendre les Fléches que j'ai projettées aux Angles faillans. Qu'on y faffe attention, on remarquera, que lefdites *Fléches* peuvent réciproquement fe flanquer les unes les autres. Les *Fléches* fur le *Glacis* peuvent les feconder & toute la Face du *Chemin-couvert*.

Ces *Fléches* auroient été faciles à faire, & en très-peu de tems, même tout cet ajuftement qui eft fur le Glacis, & qui paroît être beaucoup, quoi qu'en effet il foit peu, puis qu'il n'y auroit eu à faire qu'un Foffé fec autour des Bateries qui font dans le *Chemin-couvert*. Ce Foffé fec n'avoit befoin que d'une largeur de quinze ou feize pieds, dont on auroit tiré la terre, pour en former ladite Baterie; & cet Ouvrage n'ayant point eu de maffonnerie, la dépenfe n'auroit pû en être grande.

Le Terrain y eft très-avantageux, uni & bas; de forte qu'en y creufant un peu, on trouve l'eau, qui auroit donné moyen d'avoir un Foffé plein d'eau au tour de ces *Fléches*, que je propofe aux Angles Saillans au delà du Foffé; ce que je trouve une fûreté pour ceux qui y feroient pour la défenfe, & une grande peine pour ceux qui doivent en approcher, comme l'experience le fait affez connoître.

Il n'eft pas befoin de m'expliquer ici touchant les *Foffés*; fçavoir, fi ceux, qui font remplis d'eau, font meilleurs, que ceux qui font fecs. C'eft une queftion fur laquelle les Ingenieurs ont beaucoup raifonné pour & contre. Je dirai feulement, qu'à mon avis, lors qu'on peut avoir de l'eau, il faut la prendre, fur-tout dans la Fortification ordinaire, où l'on craint les furprifes, & avec raifon, étant certain que le Soldat avec fes armes ne peut pas facilement paffer un Foffé, où il y aura feulement quatre ou cinq pieds d'eau; au-lieu qu'il pourra paffer, & agir à fon aife dans un Foffé fec. J'efpere auffi que le plus grand nombre fera de ce même fentiment.

Je ne crois pas non plus, qu'il foit befoin, que je m'explique au fujet des Ouvrages détachés; fçavoir, fi un *Baftion* maffonné eft meilleur qu'un autre qui ne fera que de terre. Il eft feulement queftion de faire voir, qu'on peut à la hâte en un befoin, exécuter tout ce que je propofe; & j'ajouterai, comme en paffant, qu'un Baftion détaché, ou une *Fléche* bien palliffadée & fraizée, peuvent rendre en une occafion d'auffi bons fervices qu'une maffonnerie, lors qu'on s'y prend comme il faut.

Pour la maniere, dont ces Ouvrages détachés doivent être défendus, & comment on y doit employer l'Artillerie, il fuffit de dire, qu'on mettra du Canon dans le *Chemin-couvert*, lors qu'il y en aura dans la Place; n'y ayant point de Canon, on y poftera de la Moufquetterie; l'un & l'autre s'y rencontrant, on y placera du Canon & de la Moufquetterie entremêlés enfemble.

Mais comme ces nouveaux *Plans* & *Projéts* pourroient tomber entre les mains de perfonnes, qui n'entendroient pas tout-à-fait bien cette forte de défenfe, je l'ai marquée avec des traits, qui montrent que la *Fléche* E, le *Chemin-couvert* N. & la *Fléche* fur le *Glacis*, pourroient défendre la *Fléche* R,; & que ladit *Fléche* R. le *Chemin-couvert* D. & la *Fléche* fur le *Glacis*, pourroient réciproquement défendre la *Fléche* E. comme on pourra facilement le comprendre fur le *Plan*.

E   **Les**

Les Affiégeans feroient donc abfolument obligez de démonter les Bateries du *Chemin-couvert*, pour fe rendre maîtres de ces *Fléches*, fi les Ouvrages étoient ainfi conftruits. J'ai déja dit, qu'il étoit quelque fois affez difficile de démonter une Baterie fur un Rampart haut élevé, dont on découvre la Muraille jufqu'au pied ; ce feroit donc bien ici une autre difficulté, puifqu'on ne verra que les embrafures du Canon, le refte du *Parapet* étant couvert par le revers du Foffé étroit, comme je l'ai fait voir.

On auroit pû faire la communication de ces *Fléches* dans l'Angle faillant à la gorge desdites *Fléches*, afin qu'elle foit cachée à la vûë des Affiégeans ; ce qui fe fait facilement par un petit Pont de planches feulement, qui peuvent être mifes fur quelques tonneaux, ou autres chofes propres à cela. Les Ingenieurs fçavent, comment cela fe pratique dans l'occafion. On le retire, lors qu'on n'en a plus befoin, ou l'on y met le feu.

Il eft très certain, que la chofe bien examinée, on trouvera qu'avec une petite Garnifon, on peut faire une très-bonne défenfe, lors qu'on fçaura employer l'Artillérie, comme elle le doit, & le peut être. C'eft le coup de Canon, qui fe fait refpecter plus que celui de moufquet au paffage d'un Foffé : la différence du premier au fecond eft fort grande.

Si cependant, non-obftant toute cette défenfe, on appréhendoit que des Affiégeans ne vinfent à trouver le moyen de la furmonter, & à paffer l'Avant-Foffé, à s'emparer du *Chemin-couvert*, & à s'y loger, en ce cas-là mon fentiment feroit de conftruire la Baterie, que j'ai marquée fur le grand Foffé dans la gorge du Baftion détaché L. foit fur quelques vieux Bateaux, ou chofe de cette nature, fans pourtant la joindre tout-à-fait au Rampart. Un Ingenieur peut facilement trouver le moyen de faire ces fortes de Bateries : le travail, ni les fraix n'en font pas fort grands. Il fuffit auffi d'y avoir des pieces de fix à huit livres de balle. Une telle Baterie feroit fort propre pour difputer le paffage du grand Foffé, & défendre la Bréche du Baftion I. du Corps de la Place, & par ce moyen les Affiégés feroient en état d'obliger les Affiégeans de fe rendre maîtres des deux Baftions L. & D. avant que de demander à capituler.

Ce Baftion détaché L. feroit très-difficile à prendre, à caufe qu'on le peut défendre d'une grande partie de la *Courtine* du Rampart du Corps de la Place. Les Affiégeans feroient néanmoins obligés de le prendre, pour fe faifir de la Baterie fur le grand Foffé dans fa gorge, afin de n'en être point incommodés en *Flanc* fur le paffage du Foffé devant la Bréche, étant très-certain qu'il n'eft pas poffible de pouvoir combler un Foffé, & d'y perfectionner la Galerie, lors qu'une Baterie de Canon voit en *Flanc* les Affiégeans. L'experience ne permet pas d'en douter.

Je finirai ce Difcours en faifant remarquer, que ce que j'ai dit des *Plans* D. & E. n'eft plus d'ufage pour le tems depuis la Paix. J'aurois bien des chofes à y changer, & à y ajoûter, que la prudence & le devoir ne me permettent pas de mettre fur le papier.

EX-

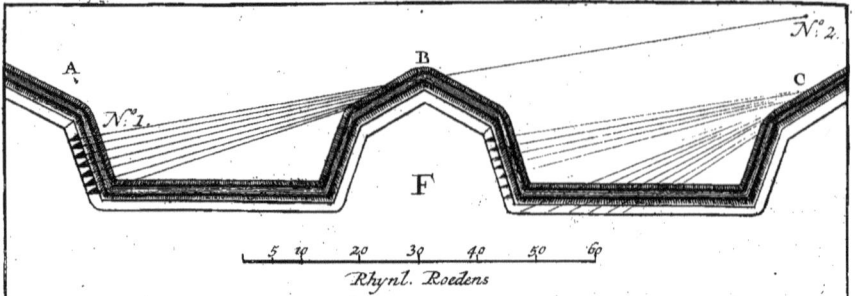

N.º 1. A. B N.º 2. C F

5 10 20 30 40 50 60

Rhynl. Roedens

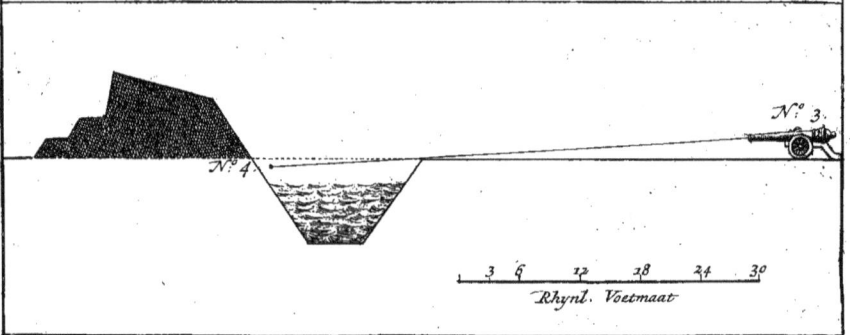

N.º 4. N.º 3.

3 6 12 18 24 30

Rhynl. Voetmaat

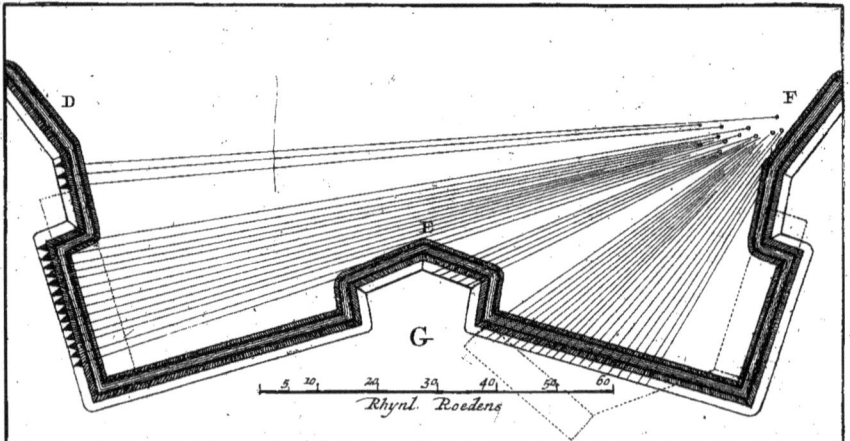

D E F G

5 10 20 30 40 50 60

Rhynl. Roedens

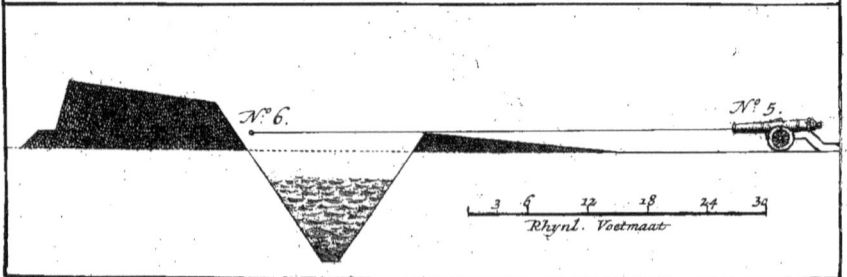

N.º 6. N.º 5.

3 6 12 18 24 30

Rhynl. Voetmaat

EXPLICATION DU *PLAN*

F.

ENtre divers *Projets* qni m'étoient venus à l'esprit, & que j'avois proposés en 1714. javois parlé d'un Retranchement, pour couvrir les Provinces d'*Utrecht* & de *Hollande*. La chose avoit paru impraticable à quelques Ingenieurs; mais d'autres m'avoient fait entendre, que si elle pouvoit l'être, il me conviendroit mieux de proposer quelque chose d'utile pour fortifier toute la Frontiere de LEURS HAUTES PUISSANCES que j'ai l'honneur de servir. Sur-quoi je rapporterai ici en premier lieu, que j'avois choisi le Terrain, depuis le *Zuyder-zee* jusque sur le *Rhin* entre *Rheenen* & *Wyk te Dueresteede*, à cause qu'un Ingenieur l'avoit autre-fois proposé à l'Etat, & qu'on avoit trouvé que ce *Projet* coûteroit des sommes immenses.

Je dis à cette occasion, que pour faire le Retranchement suivant la Méthode ordinaire, & avec une muraille haute & épaisse, dont il devroit nécessairement être revêtu, l'usage étant de faire le Rampart extrêmement haut contre les surprises, d'autant qu'il n'y a point de défenses intérieures, il étoit très-certain, qu'il ne coûteroit pas seulement de grosses sommes, comme on pouvoit facilement le juger, mais bien plus, que ni la hauteur, ni l'épaisseur de la muraille, ne feroient pas capables de le garantir contre de grandes Armées; car on sçait assez, que quand un Poligone, ou un Bastion est emporté soit de force, ou par surprise, tout le Retranchement est pris en même tems. On l'a vû en *Flandres*, en *Brabant*, & autres Païs.

Mais je crois avoir heureusement découvert une Méthode, pour faire un bon Retranchement. Je l'ai proposée, comme une chose possible, si elle étoit jugée à propos. J'ai été bien éloigné de parler, ni même de penser à l'utilité de quelques Provinces en particulier; ce seroit bien manquer de jugement: j'ai seulement dit, que s'il y avoit un Retranchement tel que je l'ai imaginé, & proposé, depuis le *Zuyder-Zee* jusqu'au *Rhin*, on seroit plus en état de soûtenir les autres Provinces. Je vais expliquer mes raisons, & j'espere qu'elles seront goutées.

Le *Plan* F. ci-joint représente deux Poligones de la méthode ordinaire, alors en usage, & encore à present, lors qu'il s'agit de faire un Retranchement sur une ligne droite, pour retrancher ou couvrir une Armée, ou quelque Frontiere. On ne les fait pas toûjours si forts: il y en a de bien moindres; mais je suppose, qu'en tems de Paix, lors qu'on en a le tems, on voulût en faire de bons.

On pourroit à la vérité faire le *Flanc* plus grand, si l'on vouloit; mais ce n'étoit pas la coûtume, dans ce tems-là, ni à present, & quand même il seroit effectivement plus grand, il n'y aura toûjours qu'un *Flanc* d'un Bastion, qui pourra défendre la *Face* d'un autre Bastion; par exemple, le *Flanc* I. du Bastion A. ne peut défendre que la *Face* du Bastion B. Car s'il devoit aussi défendre la Bréche dans la *Face* du Bastion C., il ne le pourroit, parce que le Boulet donneroit en No 2. La Démonstration est évidente, & les lignes tracées la rendent sensible. Il est donc également évident, qu'il n'y a que le *Flanc* du Bastion B. qui puisse défendre la Bréche dans la *Face* du Bastion C., ce qu'il étoit nécessaire de démontrer.

Je conviens que l'on peut fe fervir du Canon fur ce *Flanc* ; mais alors où poftera-t-on la Moufquetterie ? Dira-t-on fur la *Courtine*, dont quelques Ingenieurs comptent une partie pour un fecond *Flanc* ? Je m'affûre que ceux qui entendent la défenfe des Ouvrages, conviendront avec moi, que celle-ci feroit trop oblique, & dans une occafion le Soldat, n'a pas du tems fuffifamment, pour charger fon Moufquet, & vifer à loifir : la défenfe la plus droite eft fans contredit la meilleure. D'ailleurs la défenfe de ladite *Courtine* ne peut être au plus que de 12. Verges, & un Poligone doit feul fe foûtenir & fe défendre, ne pouvant point recevoir d'affiftance de fon voifin, comme il a été démontré.

On dira peut-être qu'on ne fait pas toûjours des Baftions à un Retranchement, comme je l'ai marqué au *Plan* F. qu'on fait quelque fois des Zigue-zagues, ou des efpeces de Baftions tout *Faces* ou tout *Flancs*, qu'on joint enfemble par une petite *Courtine*, fuivant le genie de l'Ingenieur. Ce font à la vérité, felon mon fens, les meilleurs; parce que tout étant *Flanc*, on peut y pofter plus de monde que dans les autres pour les défendre. J'en ai cependant vû de ceux là en *Brabant*, où ces longues Lignes étoient enfilées, & où l'on étoit vû de revers de certaines hauteurs depuis la tête jufqu'aux pieds. Si l'on avoit eu le foin d'y faire des Bonnets & des Traverfes pour couvrir le monde, ces fortes de Retranchemens feroient fans contredit les meilleurs.

On pourra répondre à l'égard de ce manquement, que fi les Lignes ne font point couvertes contre les enfilades & revers, c'eft la faute de quelques Ingenieurs. J'en conviens; cependant j'ai vû des Fortereffes, qui ont coûté de groffes fommes, & qui avoient ce défaut; entr'autres une, où toute la *Face* d'un *Baftion* & la *Courtine* font enfilés & vûës à dos d'une hauteur; de maniere que les hommes qui y feront poftés, fe trouveront expofés au Canon depuis la tête jufqu'aux pieds. Mais quoique ces Retranchemens foient les meilleurs, lors qu'ils feroient mis hors de l'enfilade, il faut remarquer, qu'il n'y a pourtant qu'une Ligne, qui puiffe défendre la Bréche dans l'autre, & jufqu'à préfent nous n'en avons point vû d'autres.

Pour ce qui eft du *Profil*, c'eft la coûtume de faire les Retranchemens forts hauts, pour les garantir de toutes entreprifes, autant qu'il eft poffible, mais en ce cas, le Canon des Affiégeans peut facilement donner dedans, les abbatre, & en combler le Foffé dans une attaque, comme je l'ai marqué dans le *Profil* du *Plan* F. ci-joint, où l'on voit que le Canon qui fera pofté au No. 3. peut atteindre le Rampart au No. 4. au deffous de la ligne horizontale.

EX-

EXPLICATION DU *PLAN*

G.

SI donc on vouloit faire un *Retranchement* quelque part, ou pour couvrir une Armée, ou pour fortifier une Frontiere, mon sentiment seroit
de le composer, & de le construire de maniere que deux *Poligones* pour le
moins, pussent s'entre-secourir par le moyen de l'Artillerie, pour défendre
la Bréche; ce qui me paroît d'un très-grande importance.

Prenons, par exemple, le *Plan G.* ci-joint, soient aussi deux *Poligones,*
qui occuperont une même distance de terrain, l'Echelle étant la même pour
l'un & l'autre; ce sont deux *Poligones* pour la Mousquetterie, mais pour le
Canon, on doit facilement comprendre que ce n'en est qu'un. Car posons
que la *Face* F. fût attaquée, qu'il y eût bréche, & que les Assaillans vou-
lussent y monter à l'Assaut, le Canon qui sera posté sur le *Flanc* du Bastion
D. de l'autre *Poligone,* pourra facilement y donner, pendant que la Mousquetterie placée sur la *Courtine* du *Poligone* de la Bréche y pourra aussi donner à coups de Mousquet, sans que les uns embarassent les autres, comme
les traits marqués le font voir.

Ie ne dis pas que la Mousquetterie, qui sera placée sur le *Flanc* du Bastion
D., doive donner dans la Bréche F. elle ne pourroit pas y atteindre, ni y
faire effet, à cause de la distance qui est d'environ 120. verges Pais du
Rhin, mais le Canon pourra fort bien y porter.

Cette Démonstration fera facilement appercevoir, que la Bréche F. du
Plan G. sera incomparablement mieux défenduë, que celle du Bastion C.
au *Plan F.* d'autant que la défense pour la Mousquetterie au *Plan G.* est
le double de la Courtine du *Plan F.* & le Flanc du Bastion D. est trois
fois plus grand que celui de B. D'ailleurs la défense de la Courtine du
Plan F. est extrémement oblique; au-lieu que celle du *Plan G.* est plus
droite, par conséquent plus avantageuse, & rien n'empêchera de faire
valoir la défense, de la Mousquetterie sur la Courtine du *Plan* G. à l'Angle droit, comme je l'ai pointillée, & même double si l'on vouloit; ce qui
ne pourra pas si bien se faire à la Courtine du *Plan* F comme il est facile
de le comprendre.

Si l'on veut prendre la peine d'examiner cette Méthode, que j'ai proposée pour la défense extérieure d'un *Retranchement,* je m'assure qu'on y trouvera quelque chose de bon, de plus utile & de plus sûr, que dans la méthode ordinaire; puisque c'est un Axiome incontestable, que *plus on peut
employer le Canon avec la Mousquetterie, pour défendre une Bréche en Flanc, plus
on est en état de faire une vigoureuse résistance.*

On pourroit encore, si l'on vouloit, augmenter cette défense extérieure,
& faire en sorte que trois Bastions pourroient en défendre un quatriéme. Je
ne le propose néanmoins pas comme nécessaire, mon sentiment étant, que
celle-ci est assez forte, pourvû qu'on sçache bien l'exécuter sur le Terrain.

Je ne parle point ici de la défense intérieure, touchant la construction des
Ouvrages, dont elle doit être composée, non plus que de la dépense à laquelle pourroient monter ces Ouvrages. : Je suis bien aise de connoître de
quelle maniere l'extérieure sera entenduë. Il sera tems de donner ensuite
une Démonstration précise de l'intérieure, qui sera, comme je l'espere,
trouvée très-solide & de la derniere conséquence, pour assûrer une Forteresse & un Retranchement contre les surprises, & par le moyen de laquelle on

F   pour-

pourroit défendre une Bréche de pied ferme fans risque & avec peu de monde.

Bien plus, on pourroit foûtenir, qu'un *Retranchement*, où il y auroit une défenfe intérieure de cette nature, faite comme elle le doit être, quand même il n'y auroit point de maffonnerie ni à l'extérieure, ni à l'intérieure, elle feroit préferable à celle qui auroit une belle maffonnerie haute & épaiffe à la maniere d'àpréfent.

Plufieurs Ingenieurs, tant de ce Païs, qu'Etrangers, qui entendent bien la Fortification ordinaire, m'ont fait l'honneur de me dire, qu'ils approuvoient la Méthode des *Plans* que j'ai propofés; mais que je leur ferois plaifir de leur faire entendre mon fentiment au fujet de la défenfe intérieure d'un Retranchement fur une ligne droite, pour retrancher une Armée. Les interêts du Souverain que j'ai l'honneur de fervir, & diverfes autres confiderations très-fortes, m'ont empêché, & m'empêchent encore préfentement de le faire.

Je dirai cependant, feulement comme en paffant, qu'un Retranchement étant conftruit fuivant la Méthode de deux *Poligones* qui fe défendent réciproquement, avec une petite Redoute intérieure dans chaque gorge, entourée d'une Foffé, on ne devroit pas craindre les furprifes; & il eft très-certain, que ceux qui viendroient l'attaquer, feroient obligés d'y penfer férieufement, & je ne fçai pas quelle difpofition des Affiégeans pourroient faire, pour l'attaquer, bien entendu que ceux qui feroient attaqués auroient & du monde & des munitions à proportion que les Affaillans pourroient auffi en avoir.

J'ajouterai ici, que quand on a à défendre des *Retranchemens* de la maniere, dont on les fait ordinairement, je ferois du fentiment de ceux qui croient, qu'on doit hardiment en fortir, & fe batre avec l'Ennemi en pleine campagne. L'expérience a fuffifamment fait connoître, que fi les Ennemis font plufieurs attaques, & forcent, ou furprenent feulement un *Poligone* du Retranchement, l'Armée qui doit le défendre, court rifque d'être mife en déroute.

Il en feroit tout autrement à l'égard de ceux que je propofe. Suppofons en un d'une lieuë de fix mille pas communs d'étenduë, avec dix grands Poligones, dix efpeces de Baftions, fix pieces de Canon fur chaqu'un desdits Baftions, & dans chaque Poligone un Bataillon pour la Moufquetterie avec un Efcadron de Cavalerie; fi la défenfe intérieure y étoit telle que je la fouhaiterois, je crois que le meilleur feroit de refter fermé avec ces Troupes, & ces difpofitions derriere le *Retranchement*, d'y attendre l'Ennemi, & d'en foûtenir les efforts. J'ofe m'affûrer, que les Affaillans auroient tout fujet de fe repentir de l'entreprife, & qu'ils n'auroient pas envie d'en recommencer une nouvelle.

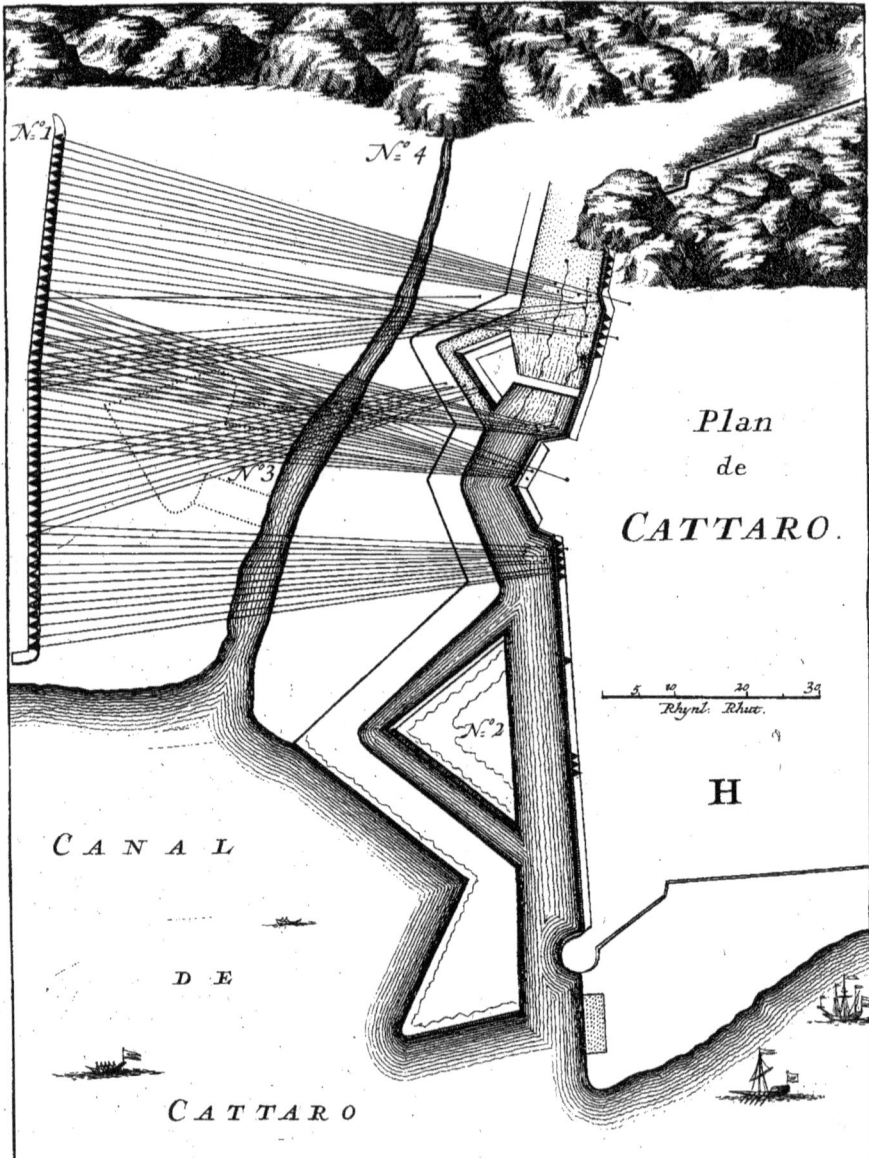

Plan
de
CATTARO.

N.º 1

N.º 4

N.º 3

N.º 2

H

Rhynl. Rhut.

C A N A L

D E

CATTARO

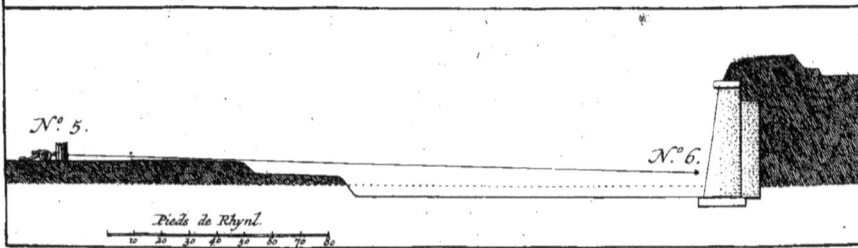

N.º 5

N.º 6

Pieds de Rhynl.

EXPLICATION DU *PLAN*

H.

JE me fuis trouvé dans la Forterefſe, dont je donne ici le *Plan* préſente-, ment. Il y avoit une très-belle Artillerie, avec tout ce qui en dépend, excepté que la Place n'étoit point en état de faire valoir cette Artillerie, comme on le devroit. Je vais expliquer la maniére, dont je penſe que le Canon devroit être placé en de pareilles occaſions : les Lecteurs intelligens dans ces ſortes de matieres y feront les obſervations qu'ils jugeront à propos. Les *Plans* & les *Profils* rendront la Place ſenſible à leurs yeux, & j'eſpere que ces explications feront aſſez claires non ſeulement pour les perſonnes in-ſtruites dans l'Art de la Guerre, mais même pour celles, qui n'ayant point aſſiſté à des Siéges, entendent néanmoins les principes de la Géometrie & des Fortifications.

J'ai entendu dire à des perſonnes de bon jugement, qui prenoient plaiſir à raiſonner ſur les Operations de guerre, quoi qu'elles ne fuſſent point dans les Emplois militaires, que ſi les Ouvrages détachés étoient poſtés de ma-niere à pouvoir flanquer & défendre les Faces à coups de Canon, & donner dans les petits logemens que les Aſſiégeans auroient fait avec beaucoup de travail & de riſque ſur le bord du Foſſé, pour les renverſer de tems en tems, alors on devroit beaucoup eſtimer la défenſe du Canon, ſur tout ſi les Ba-teries de la Place étoient poſtées en differens endroits, où il ſeroit difficile aux Aſſiégeans de les découvrir. C'eſt ce qui ſe rencontre dans la méthode que j'ai imaginée, & dont on va voir les principes mis en paralele avec ceux qui ſont ordinairement en uſage.

Je donne premierement le *Plan* H. qui repréſente le Front de la Forte-reſſe, dont je parle, tel qu'il étoit dans le tems que j'y étois. Il eſt à remar-quer qu'il n'y a point d'autre endroit, que ce Front par où cette Place pou-voit être attaquée; ce qui étoit bien conſidérable, tant pour y conſtruire de bons Ouvrages, que pour en rendre la défenſe facile; mais en même tems on peut apercevoir, quelle longueur de Baterie on pouvoit dreſſer pour faire Bréche à ce Front, & pour en démonter les défenſes, ce qui étoit tout ce dont des Aſſiégeans avoient beſoin pour ſe rendre maîtres de la Forterefſe.

Le Terrain qui eſt devant le Front de cette Place, eſt propre pour y dreſſer une Baterie, telle que je l'ai tracée ſur le *Plan*, & marquée No. 1. On voit de là la Muraille du Rampart du Corps de la Place, juſqu'au pied, comme le *Profil*, qui eſt au bas de ce *Plan*, le fait voir. Cette Muraille peut avoir 30. & à certains endroits 40. pieds de hauteur.

Il ne ſera pas difficile de juger quel effet pourra produire une Baterie de 50. pieces de Canon, qui viendra à joüer ſur une telle étenduë. On en a eu l'experience dans les Siéges de *Venloo*, de *Roermonde*, & de *Bonn*. La Baterie dreſſée contre *Voniza* dans les Rochers, quoi qu'elle ne fût que de ſept à huit pieces de Canon, fit néanmoins une Bréche conſiderable en deux jours de tems, parce que les Murailles de la Place étoient toutes dé-couvertes, & qu'on les voyoit depuis le haut juſqu'au bas.

A quoi pouvoit nous ſervir la belle Artillerie de la Forterefſe H. où nous ne pouvions en employer que cinq ou ſix pieces, & tout au plus une douzaine, qui auroient pû à la hâte être placés ſur le Rampart? Les Flancs étoient trop petits, le grand Ravelin No. 2. étoit démoli, comme auſſi le *Chemin-couvert*. J'avoüe pour moi que je n'aurois trouvé d'autre reſſource, en cas

de

de Siége de la part des Turcs, que de confeiller au Général qui commandoit dans la Place, de la rendre de bonne heure avec toute l'Artillerie, & tout ce qui en dépendoit, afin d'obtenir une efpece de Capitulation, pour pouvoir en fortir en liberté & avec quelque honneur.

Peut-être fera-t'on curieux de fçavoir, comment nous aurions pû obtenir une Capitulation dans une Place telle que je la décris, & l'ai dépeinte. Voici le comment. On doit fçavoir, que, quand des Affiégés attendent la derniere extrémité, pour rendre une Place, ils courent rifque d'être faits prifonniers de guerre, ou d'être emportés l'épée à la main dans un Affaut. Les Chrétiens donnent quartier quelque fois : je l'ai vû en deux occafions; mais les Turcs au-lieu de faire les Chrétiens prifonniers de guérre, les font efclaves, & les vendent au plus offrant, & lors qu'ils emportent une Place d'Affaut, ils font fauter les têtes à la Garnifon à coups de Cimetere.

Il auroit donc fallu tenir un Confeil de guerre, où j'aurois expofé mon fentiment. Par exemple, du côté, où la Bréche auroit pû être faite, le Foffé y étoit fec, & un fond ferme. Il n'y a point de Flancs, pour défendre la Bréche, & en dedans la Ville le terrain du côté de la Bréche n'eft pas propre pour fe retrancher. Voilà, ce me femble, des raifons affez puiffantes pour de férieufes réflexions, afin de ne point expofer les Habitans au pillage, ni la Garnifon à être fabrée.

Ceci fait voir à quoi de braves gens peuvent quelque fois être expofés. On dit au Souverain qu'une Place eft tres-bonne: ne pouvant pas examiner les chofes par lui-même, il eft naturel qu'il ajoute foi à ceux en qui il doit avoir de la confiance. Je me fouviens que dans le tems que j'étois en chemin, pour me rendre à la Fortereffe en queftion, les Ennemis étoient en marche, pour l'Affiéger, des perfonnes de confidération, qui apparamment n'avoient pas vû la Place, ou qui n'entendoient ni la Fortification, ni l'Art d'attaquer, on défendre des Ouvrages, me difoient, que j'aurois de l'honneur d'avoir part à la défenfe d'une Fortereffe, qui paffoit prefque pour imprenable. La Demonftration ci-deffus fera juger du véritable état de la Fortereffe, & de l'honneur qu'il y avoit à acquerir à la défendre, & de la jufteffe du fentiment des perfonnes qui en avoient fi bonne opinion.

Le fuccés de la Bataille que S. A. S. le Prince Eugene de Savoye livra aux Ennemis en *Hongrie*, nous tira d'affaire; autrement nous aurions éte pris d'une maniere ou d'autre. Ceux de la Ville de *Corfou* auroient eu la reffource, que quelques-uns auroient pû s'embarquer fur la Flote qui étoit proche; mais pour nous il n'y avoit point de reffource.

J'efpere que ceux à qui il arrivera de lire ce que j'écris, apercevront trésbien, que je fuis fort éloigné d'avoir deffein de décrier les Fortereffes de la Séréniffime République. Ce que j'en dis, n'eft que pour l'utilité publique, & parce qu'il s'eft recontré des gens, qui en mon abfence, ont voulu faire entendre, que mon Projet à l'égard de cette Fortereffe ne confifte qu'en des chimeres, & que la Place en elle-même eft affez forte, pour ne pas avoir befoin d'aucune nouvelle Fortification. Il y a bien peu de perfonnes qui ignorent, combien il feroit à fouhaiter que les Souverains fuffent difpofez à vouloir connoître les chofes par eux-mêmes, & les examiner autant que leur propre fatisfaction & le bien de leurs Etats le requierent. Je vais expofer à la vûë & aux réflexions des perfonnes intelligentes le nouveau *Projet* de Fortifications qui m'ont paru convenables à cette Place.

EX-

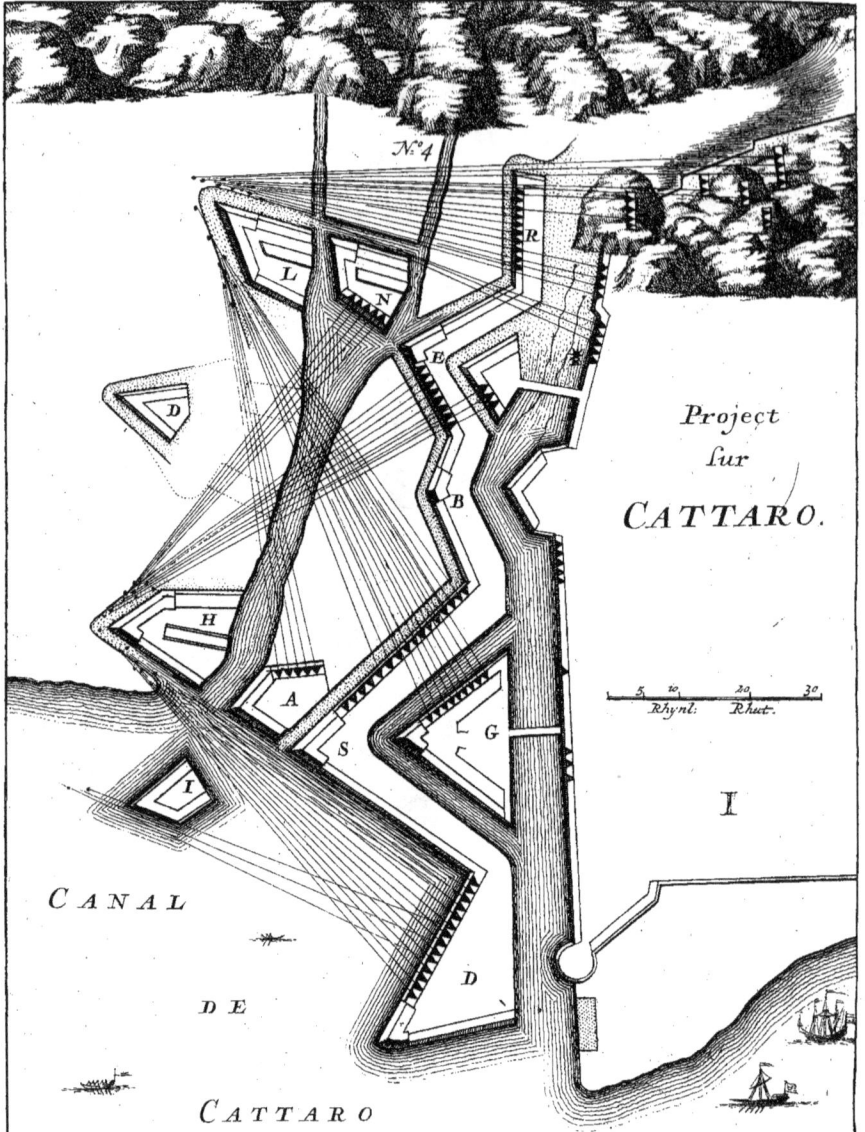

Project
sur
CATTARO.

CANAL

DE

CATTARO

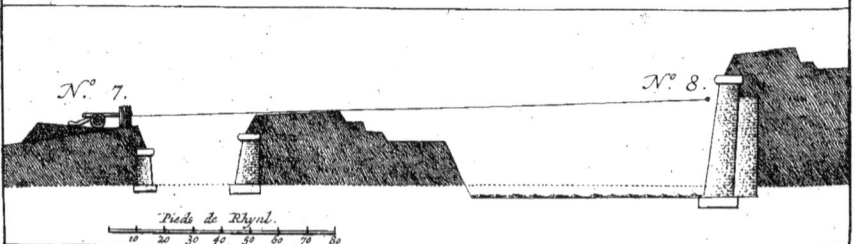

Pieds de Rhynl.

EXPLICATION DU *PLAN*

I.

ON a raifon de prétendre, que ceux qui font voir la foibleffe d'une Place, font auffi obligés de montrer, comment on peut la rendre plus forte, fur-tout lorfque les Puiffances le demandent. C'eft ce que j'ai fait de la maniere fuivante, que je foûmets volontiers aux réflexions & au jugement des Connoiffeurs en ces fortes de matieres.

Les Ennemis étoient déja tout proches, & pour dire, aux Portes de la Place, lors qu'au premier avis de la Bataille & de la déroute en- tiere de leur Armée en *Hongrie*, ils ne fongérent plus qu'à fe retirer chez eux, & plus vîte qu'ils n'étoient venus. Après cette retraite le Prince fouhaita, que je dreffaffe un *Projèt*, pour mieux fortifier la Place, & cou- vrir, s'il étoit poffible, le Front qui étoit fi fort expofé aux attaques de l'Ennemi. Le *Plan* I. ci-joint eft le *Projèt* que je préfentai à ce fujet.

Mon deffein étoit de rétablir le *Chemin-couvert* démoli, d'y faire au devant un Foffé, comme on le voit marqué, & d'y faire pofter du Canon. C'eft ce qui m'avoit paru de plus néceffaire, pour couvrir en quelque maniere le Rampart capital à la vûë des Bateries des Affiegeans.

Je projettai enfuite deux Ouvrages détachés, fçavoir, deux efpeces de *Flé- ches*, l'une marquée N. & l'autre A. & de creufer le Foffé, qui eft devant les- dits Ouvrages, afin que l'eau de la Mer, qui ne va qu'à la moitié, pût aller jufqu'au Rocher, pour les mettre plus en fûreté contre les furprifes.

J'y ajoûtai encore deux autres Ouvrages détachés, qui font auffi deux efpéces de *Fléches*, marquées L. & H. que je voudrois entourer feulement d'un Foffé fec: elles ferviroient à obliger les Ennemis à commencer leur Attaque par ces Ouvrages. Je les avois d'abord tracés plus petits, afin qu'ils puffent être plus promtement exécutés; mais préfentement il con- viendroit mieux qu'ils fuffent de la grandeur marquée fur ce *Plan*.

Les deux Ouvrages I. & D. n'y font pas également néceffaires; afin néanmoins de ne rien négliger, en voulant peu à propos épargner une peti- te fomme au Prince, je les ai marqués l'un à la Mer, l'autre au Front. Ce feront les derniers que je propoferois de faire, fi l'on vouloit prendre toutes les précautions poffibles pour une plus grande fûreté. Pour le *Ra- velin* G. qui eft démoli, c'eft une néceffité de le raccommoder, pour y pofter une Baterie, comme on la voit; & enfin il faut dreffer quelques pe- tites Bateries, de la maniere dont je les ai marquées dans les Rochers; ce qui fe peut faire très-facilement.

Il eft à préfent néceffaire, que je vienne à la maniere de défendre ces Ou- vrages. Pofons donc que cette Place vînt à être attaquée, les Affiégeans fe- roient obligés de commencer le Siége par les deux *Fléches* L. & H. fuivant la régle ordinaire. Je fuppofe que la petite *Fléche* D. n'y fût pas, afin de pouvoir parler plus diftinêtement des autres.

Les Affiégés auroient leurs Bateries prêtes, comme je les ai marquées. Ils pourroient défendre la *Fléche* H. de la *Fléche* L. avec de la Moufquetterie, de la *Fléche* N. avec du Canon, & avec la Baterie E. du *Chemin-couvert*, comme auffi de celle du petit Ravelin devant la Porte; & de l'autre côté, avec le petit Ouvrage I. dans la Mer, s'il y étoit, & de la Baterie D. du *Chemin-couvert*.

Ils pourroient défendre la *Fléche* L. d'un côté, avec la Moufquetterie de la *Flèche* H. avec le Canon ou la Mousquetterie de la *Flèche* A. & avec la Baterie S. du *Chemin-couvert*, comme aussi avec celle qui sera postée sur le Ravelin G. devant la grande Courtine; & de l'autre côté, avec la Mousquetterie de la Face R. du *Chemin-couvert*, & de la Face & de la Courtine du Rampart capital, & avec les Bateries, qui seroient postées dans les Rochers. Les lignes ou traits tirés sur le *Plan*, rendront ces démonstrations tout-à-fait sensibles à l'esprit.

Le *profil*, qui est au bas du même *Plan*, sert à faire remarquer, que quand le *Chemin-couvert* sera construit, selon que je l'ai tracé, il couvrira le Rampart du Corps de la Place, de telle maniere que les Assiégeans ne pourront plus voir la muraille, d'autant que le Canon posté au N°. 7. ne pourra donner qu'au N°. 8. sous le cordon; ce qui, à mon avis, seroit déja un grand avantage, quand il n'y auroit que celui-là.

Il y a diverses considerations à faire en matiere de Fottifications. Par exemple, on ne doit jamais construire d'Ouvrage détaché, qui ne puisse point être défendu du Corps de la Place, ou du moins, de quelque Baterie postée dans le *Chemin-couvert*, ou de quelques autres Ouvrages. On voit néanmoins sur le *Plan* H. un Bastion détaché, que j'ai pointillé & marqué N°. 3, & l'on peut remarquer, qu'un homme, qui se mettroit à une Face de ce Bastion, ne seroit apperçû d'aucun endroit. Ainsi donc les gens qui y monteroient à l'Assaut, ni seroient point empêchés ni par la Mousquetterie, ni par le Canon de la place. Je laisse à juger si ce n'est pas là une faute grossiere contre les principes de la Fortification, & si elle peut être pardonnable à un Ingenieur; si elle n'est pas une très-grand malheur pour des Assiégés, & un veritable avantage pour des Assiégeans.

Si quelqu'un s'avisoit de dire, qu'il faut avoir égard à un Angle, qui doit être droit, ou du moins de soixante degrés, ce seroit parler à la maniere des Ingenieurs du tems de trois cens ans passés; mais ceux qui sont instruits des regles présentes, pour faire la guerre, doivent sçavoir, qu'on ne s'amuse plus aux Angles. On fait la Bréche au milieu d'une Face, afin de pouvoir dans un Assaut y monter avec plus de monde. Il est donc question de pouvoir flanquer cette Bréche, en Flanc & à dos, afin d'obliger les Assiégeans de démonter ces défenses, avant que de s'approcher de cette Face, d'y faire Bréche, & d'y monter à l'Assaut.

J'ose me flater, que tous ceux qui auront examiné la défense du *Plan* I. reconnoîtront, & seront persuadés, comme je le suis, que de cette maniere le Canon & la Mousquetterie seront employés à propos, avec succès, & que par ce moyen-là une Garnison sera en état de faire une vigoureuse résistance; & quand même les Assiégeans pourroient enfin trouver le moyen d'emporter ces Ouvrages détachés, & de pénétrer par le Front, il leur faudra pour le moins, un tems fort considerable; & l'on sçait assez combien une longue résistance procure d'utilités, soit pour donner du secours aux Assiégés, ou pour fatiguer, décourager & rebuter les Assiégeans, sans oublier, qu'elle leur fait souvent perdre tout le tems d'une Campagne.

La dépense n'en sera pas si considerable, qu'il paroît d'abord, car il faut considerer que presque la plus grande partie, n'est qu'un ajustement, que les materiaux se trouvent proche de la Forteresse, & que les hommes travaillent à très-bon marché dans ce Païs-là; de sorte que pour dix mille écus, on y peut remuer & transporter beaucoup de terre, & faire beaucoup de massonnerie. Quand même il en coûteroit vingt mille, je me persuade qu'on sera de sentiment avec moi, que ce n'est pas une grosse somme pour des Ouvrages de Fortification.

EX-

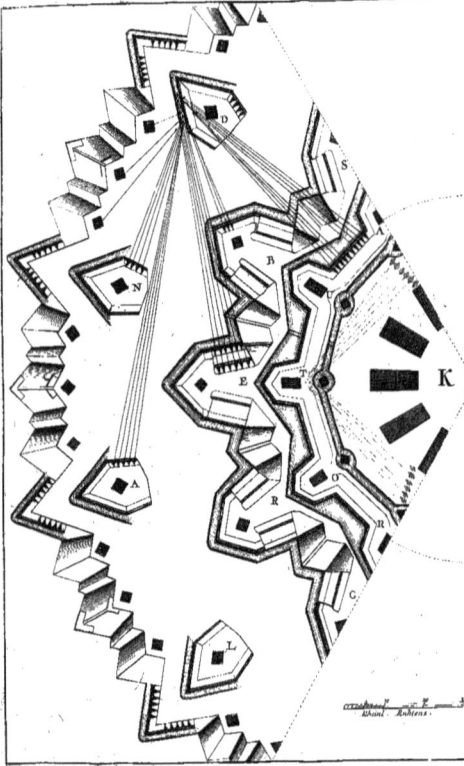

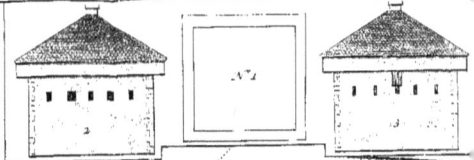

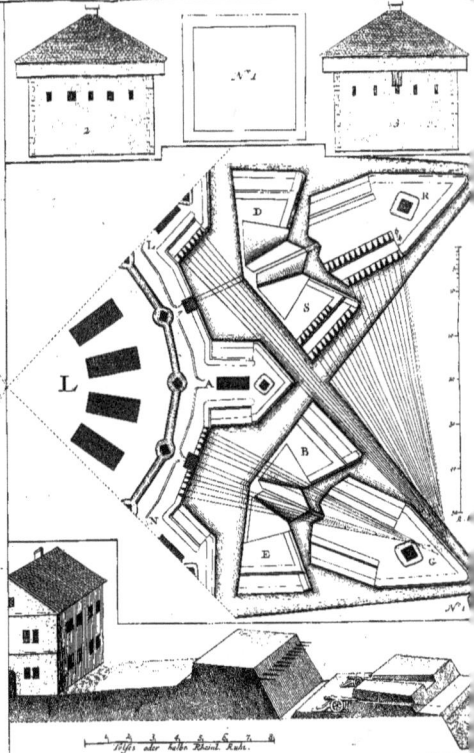

K

L

A

B

C

D

E

G

L

N

R

S

D

R

S

A

B

E

G

N

L

N.º 2

2

3

N.º 1

Wahl. Ruthens.

Tolfes oder halbe Whonl. Ruth.

EXPLICATION DU *PLAN*

K.

ON a vû pendant la derniere Guerre, que la plûpart des Commandans des Places les ont cédées aux Assiégeans, lors qu'ils s'étoient logés sur le *Glacis*, ou tout au plus dans le *Chemin-couvert*, & l'on a généralement trouvé, qu'ils ont été obligés de le faire. Effectivement le Corps des Places & Forteresses d'aujourd'hui n'est point disposé, pour qu'une Garnison puisse attendre de pied ferme un Assaut général, sans s'exposer toute entiere, les Bourgeois, & toute la Place à la discretion des Assiégeans.

Peut-être dira t-on qu'un Commandant pourra faire un Retranchement derriere la Bréche dans le tems-même, qu'on sera prêt de monter à l'Assaut. Mais outre que le Terrain dans le Bastion ne permet pas, qu'on y fasse un bon Retranchement, l'espace y étant trop borné, comment seroit-il possible d'ailleurs de le perfectionner, pendant que les Bombes & les Pierres y tombent comme de la grêle. L'experience l'a fait voir à plusieurs des meilleures Places. De sorte que si une Garnison s'opiniâtroit à se défendre dans un tel Retranchement imparfait, & qu'il arrivât aux Assiégeans de la forcer dans la chaleur du Combat, tout seroit perdu sans ressource.

Je ne ferai pas difficulté de dire, que je trouve, que c'est un grand défaut dans une Fortification, qu'un Commandant ne soit pas en état de pouvoir défendre la Bréche faite au Corps de la Place, ni même au Ravelin, d'autant qu'on y peut donner l'Assaut a l'une & a l'autre en même tems, comme on l'a vû pratiquer en plusieurs Siéges. Tout ceux qui entendent l'Art d'attaquer, & de défendre les Places, connoissent cet inconvenient; mais la difficulté, disent-ils, est de pouvoir y apporter un bon remede, & de trouver une meilleure méthode de poster l'Artillerie assez avantageusement, pour disputer à un Ennemi le logement sur le *Chemin-couvert*, & de défendre la Bréche.

L'attention que j'ai faite à ce manquement dans la Fortification ordinaire, m'a donné lieu d'imaginer une nouvelle méthode, ou j'ai montré, qu'on doit, & qu'on pourra faire consister la plus grande force d'une Place dans la défense du *Chemin-couvert*, & que le Retranchement dans le Corps de la Place, doit être en état, avant que les Ennemis y ayent fait Bréche. J'ai proposé cette Méthode en trois grands *Plans*, que je donnai en 1712. Diverses raisons m'avoient engagé de faire ces *Plans* fort vastes.

Plusieurs Amateurs, même des Seigneurs de grande distinction, ayant souhaité de voir ces vastes *Plans* réduits en plus petit, sans leur rien ôter de leur force, j'ai expliqué ma pensée à l'égard des des deux premiers. Il s'agit présentement du troisiéme, qui doit faire voir la défense du *Chemin-couvert* avec le Bastion détaché à la place du Ravelin, comme aussi la défense intérieure, qui doit servir de Retranchement, en cas de Bréche qui viendroit a être faite au Corps de la Place. Je vais exposer mon sentiment à ce sujet.

Afin de rendre le raisonnement plus facile à être bien entendu, j'ai joint ici le *Plan* marqué K. de quatre *Poligones* d'un *Dodécagone*, qui en font deux d'un *Exagone* : Il y auroit douze petits Bastions au Corps de la Place, si le *Plan* étoit entier : Ils sont envelopés d'un *Chemin-couvert*, où je fais des Bàteries, que je couvre de deux Faces ; ce qui fait la Figure d'un Bastion. On le voit marqué avec les Lettres S. B. E. R. & G. J'ajoute une *Lu-*
nette

nette dans chaque *Poligone* à la place d'un *Ravelin*; elles font marquées D. N. A. & L. Ces *Lunettes* font couvertes par une efpece de fecond *Chemin-couvert* avec des Bateries fur les Angles faillans, & de petites *Redoutes* dans les Places d'Armes en dedans de ce *Chemin-couvert*.

Pofons préfentement que cette Place fût attaquée; & que les Affiégeans vouluffent prendre la *Lunette* D. ils feroient obligés de prendre auffi les trois *Redoutes*, qui font dans les Places d'Armes du *Chemin-couvert*, de même que les *Lunettes* N. & A. avant que de pouvoir donner l'Affaut à la *Lunette* D. autrement tous ces Ouvrages voient & flanquent la Bréche à dos. Il leur faudroit auffi démonter entierement les deux Bateries de l'envelope ou *Chemin-couvert* Baftionné, marquées E. & une partie de la Face B. qui voit ladite Bréche en Flanc, & enfin la Courtine du Corps de la Place, qui peut donner dans la même Bréche en dedans ladite *Lunette* avec huit ou dix pieces de Canon, pour en difputer l'entrée, comme on le voit fur le *Plan*.

Il eft néceffaire que je m'explique un peu plus amplement touchant l'attaque des *Lunettes*. Pour en prendre une, par exemple, celle qui eft marquée D. les Affiégeans feroient abfolument obligés d'en attaquer trois ou quatre en même tems, & fix ou neuf des petites *Redoutes* ou Caponieres dans les Places d'Armes du *Chemin-couvert*, On jugera facilement, quel travail cela feroit pour une Armée; mais ils ne fe trouveroient pas feulement engagés avec les Ouvrages détachés, ils auroient encore à faire avec trois *Baftions* de l'envelope & trois *Courtines* du Corps de la Place.

S'il arrivoit à quelqu'un de dire, qu'on pourra facilement abbatre cette défenfe, il fe tromperoit certainement, & il tromperoit le Prince, s'il lui vouloit infpirer de pareils fentimens, puis qu'on voit fenfiblement fur le *Plan*, qu'il y aura pour le moins une douzaine de Bateries, qui doivent néceffairement être démontées, dont quelques-unes font à platte terre, d'autres font couvertes par le *Chemin-couvert* & les Ouvrages détachés, & toutes par conféquent ne peuvent être démontées, que très difficilement.

Quant à ceux qui prétendent, qu'on peut laiffer un Ouvrage à côté: fans l'attaquer, la chofe peut être accordée, lors qu'un *Baftion* détaché ne peut faire aucun mal dans les logemens, on peut le laiffer à quartier: cela eft fans difficulté. Mais fi, par exemple, des Affiégeans vouloient attaquer & prendre la *Lunette* D. fans prendre ou démonter le Flanc de celle marquée A. ceux qui fçavent, comment on eft obligé de fe précautionner, pour conduire une Tranchée jufqu'au Foffé, pour le combler, pour donner l'Affaut, pour fe loger dans la Bréche, lors que des Affiégés font gens à fe défendre en braves, & qui ont l'expérience de ce qui fe pratique en pareilles occafions, & les peines qu'on a à fe couvrir, feulement contre la Moufquetterie, jugeront, s'il feroit poffible de fe couvrir fur le Foffé & dans la Bréche contre une demie douzaine de pieces de Canon bien fervies. Ce que j'ai acquis d'experience, me fait dire hardiment, que cela n'eft pas poffible, avant que le Canon des Affiégés ait été démonté.

J'ajouterai ce dont perfonne, à ce que je crois, ne pourra difconvenir, fçavoir, que fi des Affiégeans laiffoient la *Lunette* A. & la Baterie du Flanc du *Baftion* E, fans les attaquer, & renverfer, & que le Commandant de la Place n'y poftât point une demie douzaine de pieces de Canon, & plus, s'il en avoit fuffifamment, pour difputer le paffage du Foffé, & le logement dans la Bréche à la Face de la *Lunette*, il feroit refponfable de la perte de la Place, & pourroit avec juftice être condamné, comme ayant manqué à fon devoir; étant certain, qu'avec fix pieces de Canon, on
peut

peut faire une Bréche dans une Muraille épaiſſe, à plus forte raiſon pourra-t-on renverſer un logement fait à la hâte avec des Gabions & des Faſſines.

Ce ne ſont pas toûjours les Aſſiégeans, qui diſpoſent, comme il leur plaît & les endroits pour attaquer une Place, & la maniere de diriger leurs Attaques. On a vû qu'un Commandant peut fort bien les obliger de prendre de certains Ouvrages, & s'ils le négligent, ils ſont autant de plaiſir aux Aſſiégés, qu'ils ſe cauſent de dommage à eux-mêmes. S'il peut arriver aux Aſſiégeans de trouver le moyen, & de venir à bout de détruire toutes les défenſes du Canon dans tous les endroits, dont ils peuvent être incommodés, alors la Garniſon eſt contrainte de céder à la force, & de leur abandonner la *Lunette* ou autre Ouvrage détaché, mais pas plûtôt.

Je ne parle point de la défenſe du *Chemin-couvert* avec ſon *Glacis*, qui ſe perd dans la Campagne. Je ſuppoſe qu'un Commandant expérimenté l'entendra ſuffiſamment. J'y poſte des Bateries ſur les Bonnets des Angles ſaillans. On pourra, ſi l'on veut, s'en ſervir les premiers jours du Siége, pour tenir, comme l'on dit, les Ennemis en reſpect, & les obliger de n'ouvrir la Tranchée, que de loin. Le *Parapet* ſervira auſſi pour couvrir les petites *Redoutes* & *Lunettes*, & obliger les Aſſiégeans à entrer dans le dit *Chemin-couvert* pour les attaquer. Pour peu qu'un Commandant ait d'expérience, ce ſera dans ce *Chemin-couvert*, qu'il pourra faire valoir les ſorties à pied, & à cheval.

On trouvera peut-être trop étroits les Foſſés du *Plan K.* mais on ſçait, & l'expérience confirme, qu'on ne les paſſe point, avant que les défenſes du Canon ayent été démontées, & alors ſi l'on veut faire, ce que j'ai dit, & démontré dans un premier Ecrit, on paſſe un Foſſé ſans ſe mettre en peine de la Mouſqueterie; mais je conſeille à ceux qui voudront s'hazarder de paſſer un Foſſé rempli d'eau, de ſe ſouvenir du Paſſage de celui de devant la *Tenaille* de *Lille*, & de prendre mieux leurs meſures, afin de ne point courrir le riſque d'avoir un pareil ſort.

J'ai vû qu'une Armée avoit Aſſiégé une Place, qui n'avoit qu'une eſpece de Retranchement quarré, avec de petits Baſtions mal flanqués & ſans maſſonnerie : elle étoit entourée d'un Foſſé ſec de quinze pieds ſeulement de large. Cependant les Généraux & les Ingenieurs ne jugérent pas à propos de le paſſer, ni de monter à l'Aſſaut, avant que d'avoir démonté la défenſe, qui auroit pû diſputer le paſſage de ce Foſſé. Je ſuis de ſentiment, qu'on doit ainſi agir, pour conſerver les hommes, & pour le véritable intérêt du Souverain.

Les *Baſtions* du Corps de la Place du *Plan K.* ſont auſſi petits : Ils ſont néanmoins de la grandeur de ceux de *Landau*, & outre cela beaucoup mieux défendus. Ceux de *Landau* ſont trop éloignés les uns des autres : la défenſe eſt à plus de trois cent pas de diſtance, ſuivant le *Plan*. Les coups de Mouſquet n'ont plus de force à un ſi grand éloignement, ſur tout dans les occaſions, où le Soldat charge ſon Fuſil à la hâte. Ceux-ci ne ſont éloignés de guerre plus de cent pas, la défenſe en eſt donc beaucoup meilleure. J'en parle par expérience.

Mon ſentiment ſeroit donc de revêtir le Rampart du Corps de la Place d'une Muraille peu épaiſſe, au moins les Baſtions, pour gagner du terrain pour la Gorge, ayant outre cela le Foſſé intérieur avec les petites *Redoutes*, ou *Corps-de-garde*, ce qui pourroit paſſer pour un double Retranchement, on n'aura pas lieu d'appréhender les ſurpriſes; & en tems de Siége, il ne ſera pas beſoin de travailler à un nouveau Retranchement, auſſi bien le Soldat n'a-t-il pas beſoin de ſe fatiguer par le travail dans ce tems-là. Il faut

H

qu'il

qu'il boive, qu'il mange, qu'il fe repofe; & alors il eft plus en état de faire bonne garde, & de s'encourager à faire volontiers tout ce qui peut être requis de lui, pour aider à difputer le terrain à l'Ennemi.

Pofé préfentement, que les Affiégeans euffent démonté toute la défenfe extérieure, qu'ils euffent emporté le premier & le fecond *Chemin couvert*, qu'ils euffent trouvé moyen de fe loger dans l'efpece de Baftion E. je crois avoir tout fujet de m'affurer, que ceux de la Forterefse pourroient encore obtenir une bonne Capitulation, d'autant que le Rampart du Corps de la Place feroit encore en fon entier; & fi les Affiégeans prétendoient les obliger à fe rendre prifonniers de Guerre, ils auroient encore eux-mêmes affez de befogne, & de rifque à effuyer, avant que de réduire les Affiégés à cette derniere extrémité. Il leur faudroit abbatre le Flanc, faire Bréche, & combler le Foffé, pour donner l'Affaut au Corps de la Place.

Fort bien, dira-t-on, ils feront tout cela, puis qu'ils auront trouvé le moyen de fe loger dans le Baftion. Je veux croire qu'ils le feront, mais je demanderai de mon côté, s'il fera donc fi aifé aux Affiégeans de fe loger dans le petit Baftion T. Et quand même le petit Foffé intérieur feroit fec, n'eft-il pas certain, qu'on pourra le creufer fi profond, qu'un homme ne pourra pas le paffer, avant que de l'avoir comblé, ou d'y avoir dreffé un Pont? Or qui ne voit, combien ce travail peut-être difputé par le moyen des petites Redoutes qui font à droite & à gauche, & des Bateries au delà dudit Foffé du côté des Maifons, comme elles font marquées fur le *Plan*? De forte qu'il y a toute apparence que les Affiégeans aimeroient mieux accorder une honorable Capitulation à de braves Affiégés, que de s'expofer à vouloir combler ce petit Foffé intérieur, & prendre les petites *Redoutes* à droit & à gauche, comme auffi à démonter les Bateries du côté des Maifons.

On voit fenfiblement, que dans cette nouvelle méthode de Fortification, les Affiégans font bien éloignés de pouvoir compter, comme dans la Fortification ordinaire, qu'ayant emporté un Baftion, ils ont gagné toute la Forterefse. Il leur refte ici, après un Baftion pris, des Ouvrages en affez grand nombre & affez forts, pour ne pas fe flater fi aifément d'être maîtres de la Place. Un grand Capitaine de l'Antiquité (*Jules Cæfar*) avoit coûtume de dire, qu'on ne devoit jamais compter avoir tout gagné, ou tout pris, lors qu'il reftoit encore quelque chofe à prendre. Combien donc auroit-il été éloigné de compter pour prife une place, où il refteroit autant de défenfe qu'à celle du *Plan* K. après le *Baftion* emporté?

Il ne faut pas oublier de répondre à l'objection de ceux qui prétendront, qu'il y a trop peu de Maifons dans cette Place. Je leur dirai donc, qu'on peut conftruire de petits Corps de *Cafernes* dans les petits *Baftions* du Corps de la Place, pour y loger du monde, qui pourront de leurs fenêtres en tems de furprife, défendre ces *Baftions*. Il y a à *Landau* des Magazins de cette nature, ne pourroit-on pas avoir ici de petits Corps de logis, dont on pourroit tirer une pareille utilité? Les douze Corps dans l'enceinte de la Place font pour une centaine de Bourgeois. Cela fuffit pour une Forterefse. Le Souverain n'en fait point conftruire pour un nombre de Bourgeois plus ou moins grand, mais uniquement pour la garde & la confervation de tous fes Etats

EX-

EXPLICATION DU *PLAN*

L.

C'est une Proposition presque universellement accordée, & qui ne souffre ni contradiction, ni objection, qu'un Ouvrage de Fortification, *Bastion*, *Fléche*, ou autre, qui peut être flanqué séparément de plusieurs Postes, est de meilleure défense, que celui qui ne peut l'être que d'un seul. L'expérience est conforme au raisonnement.

On pourra être surpris, de ce que je dis *presque universellement*. En voici la raison. Il se trouve dans la Fortification ordinaire des Ouvrages, qui ne sont defendus que d'un seul Poste; il y a donc apparence, que chacun n'est pas encore de sentiment, qu'une des principales conditions, pour qu'un Ouvrage de Fortification soit bon, est qu'il puisse être défendu de plusieurs postes séparément.

Pour mettre la chose dans tout son jour, on n'a seulement qu'à regarder le *Ravelin*, suivant l'ancienne Méthode, & celle qui est encore ordinaire présentement. Il n'est défendu, que de la Face du Bastion du Corps de la Place. Or cette Face est vûe à plein de la Campagne, comme on peut le remarquer à la plûpart des meilleures Forteresses de l'*Europe*. On peut donc la détruire avec des Bateries, qu'on dresse pour ainsi dire, le premier jour du Siége. Cela fait, le *Ravelin* n'est plus défendu, & la Bréche est en même tems faite dans ladite Face. N'est-ce pas une grande imperfection dans la Fortification, que l'Ennemi puisse en même tems donner l'Assaut au *Ravelin* & au Corps de la Place?

Si la chose ne pouvoit pas être faite autrement, il n'y auroit ni justice, ni prudence à vouloir la critiquer, d'autant plus qu'elle a été pratiquée par des Ingenieurs de la plus grande réputation dans le monde. Mais dès qu'il y a des Démonstrations évidentes, qu'on peut faire mieux, & que l'utilité des Princes & des Etats requiert effectivement, que l'on change de Méthode, ces considérations doivent l'emporter sur tous autres égards.

Je laisse à part mille & mille raisonnemens, qu'on a coûtume de faire sur la grande habileté des Maîtres qui nous ont précédé, de même que sur les talens extraordinaires, qu'on doit avoir, pour imaginer & proposer des routes nouvelles. Tous ces raisonnemens sont vains, inutiles & fort mal à propos, lors qu'il s'agit de matieres qui peuvent être renduës sensibles par une Démonstration évidente, & dont l'expérience peut faire voir la solidité & l'avantage effectif par dessus ce qui a été pratiqué dans les tems passés.

Il est donc uniquement ici question d'examiner la Méthode que je propose. Je prens la liberté d'avancer qu'on peut faire une Forteresse, qui sera composée de six, de sept, ou de huit *Bastions*. Cela est indifferent. Je choisis la Figure d'un *Octogone*, pour certaines raisons. Elle aura donc huit *Bastions*, huit *Contregardes* & huit *Ravelins*, si elle est parfaite. En voici deux *Poligones*. Je dis qu'on pourra défendre la Bréche dans ce *Ravelin*, de trois differens Postes avec cinquante piéces de Canon, en donnant un quarré de dix-neuf pieds du *Rhin* à chaque piece pour sa situation, & une communication sûre pour aller aux dits Postes.

On pourra poster 20. pieces de Canon sur le double Flanc du *Ravelin*, 18. sur le double Flanc de la *Contregarde*, & 12. sur le double Flanc

du

du *Baſtion* de la Place, pour donner dans la Bréche du *Ravelin* en Flanc. On peut outre cela avoir 10. pieces ſur la *Courtine* du Rampart capital, qui peuvent auſſi donner dans la même Bréche en dedans du *Ravelin*, lors que les Aſſiégeans y voudroient entrer, après que les Aſſiégés ſeroient obligés en tems d'Aſſaut, d'abandonner cette Bréche.

Ceux qui entendent l'Art de la Fortification, ont ici devant leurs yeux le *Plan* de celle que je propoſe. Il n'ont qu'à prendre le Compas, & meſurer. Ils trouveront la choſe, telle que je l'ai dite, & que le *Ravelin* & la *Contregarde* ſont à portée, pour pouvoir y poſter de la Mouſquetterie, lors qu'en tems de Siége, on ſe trouvera n'avoir point ſuffiſamment de Canon. Le Flanc du *Baſtion* de la Place eſt à la diſtance d'environ 100. verges du *Rhin*, ou 200. Toiſes de *France*. On y poſtera des pieces de Canon à huit ou douze livres de balle. La *Courtine* eſt éloignée d'environ 60. verges. On pourra y poſter du Canon ou de la Mouſquetterie, ſelon qu'on en aura la commodité, pour donner dans la Bréche en Front en tems d'Aſſaut.

Les Ingenieurs trouveront ſans peine à faire les *Profils* pour les Ouvrages. Quant à moi lorſque je vois un *Plan*, je puis facilement en dreſſer le *Profil*. Cependant en voici un au bas de ce *Plan*. Je le donne pour un *Profil* général. Il eſt tiré du Flanc du *Baſtion* L. du Corps de la Place: c'eſt ſeulement une idée. Un Ingenieur expérimenté doit juger du Terrain ſuivant la dépenſe que ſon Prince veut faire, & obſerver que les Ouvrages ne ſoient point enfilés, ni vûs de revers; que le haut Flanc puiſſe dominer ſur celui qui eſt plus bas, & que celui-ci puiſſe raſer l'horizon, ou le niveau du Foſſé; enfin faire quelquefois conſiſter la hauteur des Ouvrages dans la profondeur des Foſſés. Voilà tout le miſtére & la ſçience pour faire un *Profil*.

Le *Profil*, qui eſt au haut du *Plan*, eſt celui d'une des *Redoutes*, que j'ai marquées en divers endroits des Ouvrages & au dedans du Corps de la Place, qui doivent faire la défenſe du Foſſé intérieur. On pourra les faire plus grandes, ſi l'on veut, & avec une muraille plus épaiſſe & des *Caſemattes*: cela eſt à la diſpoſition de ceux qui entreprendront de pareils Ouvrages. Cependant, ſi on les fait ſeulement comme je les ai marquées, & que ceux, qui ſeront dedans pour la défenſe, puiſſent être au haut ſous le toit, & laiſſer ſeulement tomber des pierres en bas au pied de la muraille, il ne ſera pas bon d'en approcher, & nous avons vû, que toute une petite Armée ne pouvant pas ſe rendre maître d'une *Redoute*, conſtruite à peu près de cette maniere, avoit été obligée d'employer le Canon, pour la prendre.

EX.

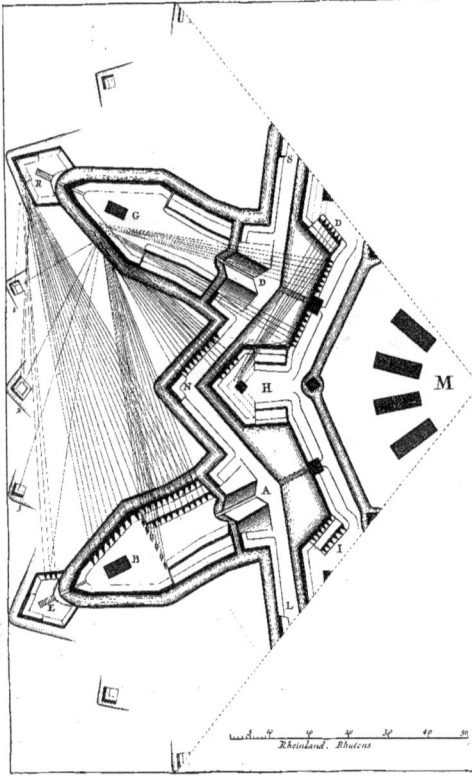

M

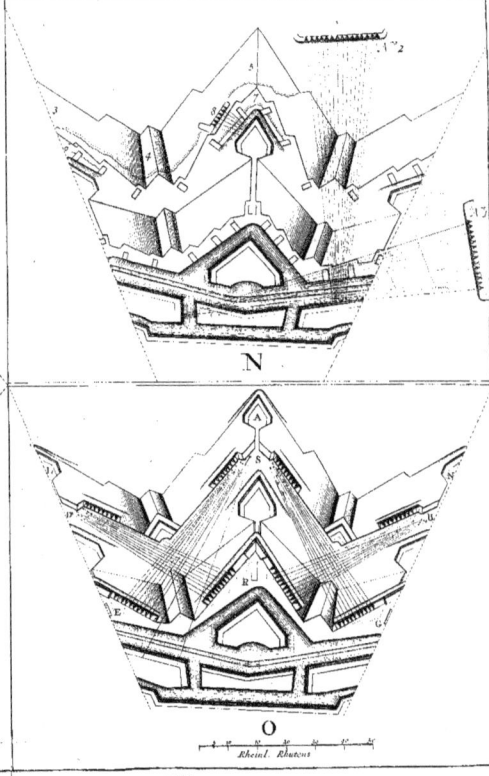

N

O

EXPLICATION DU *PLAN*

M.

IL n'eſt rien de plus difficile, & il eſt même preſque impoſſible, dit un Auteur célébre, de s'expliquer ſi bien en matiere de Fortification, que tous ceux qui veulent en raiſonner, puiſſent nous entendre, j'oſe néanmoins eſperer que les Ingenieurs, & tous ceux qui entendent bien la Fortification ordinaire, n'auront pas de peine à comprendre le Siſtême que je leur propoſe.

J'avois, il y a pluſieurs années, imaginé une Méthode, pour des *Plans* de Fortification, qui me paroiſſoit plus utile, que celle qni eſt ordinairement en pratique. Je la donne ici dans un *Eptagone*, à cauſe qu'il ſe rencontre en *Europe* pluſieurs Fortereſſes très-conſiderables qui ont ſept *Baſtions*, entr'autres, à ce qu'on dit, *Manheim, Couvoerden & Philipsbourg*. On pourra mettre cette nouvelle Méthode en paralele ave leſdites Places, pour en remarquer la difference, & juger quelle eſt la meilleure.

Cette Méthode peut être pratiquée dans un *Pentagone* & dans un *Exagone*, mais non pas ſi bien dans un *Quarré*, ni dans un *Triangle*. On ne doit pas blâmer, ni rejetter cette Méthode, parce qu'elle ne ſuit pas toûjours les régles ordinaires. Le vrai Siſtême, & le meilleur en fait de Fortification, eſt de propoſer des Forterefſes, dont la conſtruction ne coûte point trop, où l'on puiſſe bien employer l'Artillerie, & où avec peu de monde, on puiſſe être en état de ſoûtenir les efforts d'un puiſſant Ennemi, même de réſiſter fortement à toute une Armée. Ce ſont-là les principes, auxquels je me ſuis attaché dans cette Science.

Le *Plan* que je donne ici, montre aſſez clairement la maniere de conſtruire cette Forterefſe ſur le Terrain, & le *Profil* général, qui eſt dans le *Plan*, précédent, à fait voir, comment on pouvoit faire une élévation ſur le Terrain, pour la perfectionner. La choſe eſt facile aux Officiers de guerre, qui ont étudié cette Science, qui en font profeſſion, & qui entendent bien les Diſcours & les *Plans* des Ingenieurs *Speckle; Pagan & Rimpler*.

Je trouve que *Speckle* eſt le premier Ingenieur, qui ne ſe mette point en peine des *Angles*. Au-contraire, il donne une Démonſtration Géométrique, qu'on peut mieux défendre l'*Angle* aigu que l'obtus. Le Comte de *Pagan* eſt de ſon ſentiment; *Que me fait l'Angle*, dit ce célébre Ingenieur, *Qu'il ſoit comme l'on voudra, pourvû qu'il ſoit couvert d'une Contregarde, comme l'Ingenieur* Speckle, *nous le montre, & qu'il ait de bons Flancs?*

Il ſeroit donc néceſſaire, qu'un Officier, qui voudroit être Ingenieur, & même, que ceux qui eſperent d'être un jour Commandans de Forterefſes, & encore plus, Généraux, appriſſent la pratique de la Fortification ordinaire. Il y a ſuffiſamment de Livres, & aſſez bons, qui l'enſeignent, comme celui de Mr. de *Vauban*, par l'Abbé du *Fay*, & le Chevalier de *Cambray*: un autre par le Chevalier de *Saint Julien*; un troiſiéme par Mr. *Sturm*, ces trois ſont en François. Il y en a auſſi pluſieurs en Allemand, comme de Mrs. *Freitag, Melder, Faulhaber* & autres. Les ſuſdits Livres ſont bons, & trés-propres à enſeigner les principes, & à inſpirer le goût de cette Science. On doit lire enſuite avec attention les Diſcours de *Speckle, de Pagan & de Rimpler*, examiner leurs ſentimens, s'étudier à les bien comprendre, & à y entrer; ce qui n'eſt pas difficile. Alors on n'aura pas de

peine

peine à comprendre le Siftême que je donne en général, & que je fais confifter entr'autres chofes, 1. à mettre tout en ufage, pour tâcher de tenir l'Ennemi, autant qu'il eft poffible, éloigné de la Place qu'il prétend Affiéger. 2. à lui difputer l'entree du *Chemin couvert* & le paffage des Foffés. C'eft auffi là le fentiment de tous ceux qui raifonnent de la Fortification avec une connoiffance réfléchie fur fa nature & fon ufage.

J'ai déja, dans les Difcours précédens, fait entendre & démontré, que le plus fûr moyen de parvenir au but de ce Siftême, eft qu'une Place ait des Ouvrages détachés, qui foient flanqués de plufieurs Poftes. Je vais encore le faire voir par la maniere, dont je crois qu'on devroit défendre une Place conftruite fur le *Plan* ci joint. Voici en général ce qui me paroît devoir être obfervé à une telle défenfe.

On prétend communement, que pour bien foûtenir un Siége on a befoin de trois mille hommes & plus, pour la défenfe d'un *Exagone* Royal de la Fortification ordinaire. On en a en effet befoin d'un grand nombre, fi l'on veut faire des forties, comme il en eft néceffaire, pour difputer le terrain aux Affiégeans, & gagner du tems d'autant que les Ouvrages des Fortereffes ne font point difpofés, pour qu'on puiffe y avoir des Bateries cachées, qui puiffent fervir à leur défenfe. Mais fi j'avois à défendre *l'Eptagone*, dont il eft ici queftion, deux mille hommes me feroient plus que fuffifans, & je n'en demanderois un tel nombre qu'à caufe des maladies, qui en emportent toûjours plus ou moins.

Je fuis à cet égard du fentiment du Comte de *Pagan : Ce n'eft*, dit-il, *ni du grand nombre d'hommes, ni de la grande quantité de Canons, dont on a befoin : il s'agit feulement de la maniere de fçavoir les bien employer.* Je trouve qu'il a raifon, & je voudrois donc feulement deux mille hommes avec abondance de provifions, pour les faire fubfifter, & les animer à une vigoureufe défenfe. Soixante pieces de Canon feroient auffi fuffifantes avec des Munitions le plus qu'il feroit poffible, non pour fervir à beaucoup tirer, & faire grand feu peu utilement contre des Ennemis, ou quelque fois trop éloignés, ou en d'autres rencontres entièrement en fûreté contre la Moufqueterie, & le Canon qui eft fouvent mal fervi. Le principal ufage de l'Artillerie, Canon, Fufil & autres, doit être pour la défenfe du *Chemin couvert* & du paffage des Foffés. Ce font ces endroits, où l'on eft à portée pour atteindre l'Ennemi, & pour l'empêcher de faire des logemens, ou de tenter des paffages d'où dépend la perte de la Place.

Lorfque des Affiégés font obligés de fe batre, & de difputer le terrain pied à pied aux Affiégeans à coups de main & de Fufil, il eft certain & tout-à-fait naturel, que les derniers l'emportent fur les premiers ; parce que ceux là font de beaucoup fupérieurs en hommes, que quand la Garnifon en perd un, cette perte ne peut être réparée ; au lieu que les Affiégeans peuvent facilement remplacer le monde qui leur eft enlevé.

Le Parfait Capitaine eft de fentiment, qu'un Etat ne doit avoir que peu de Fortereffes, mais bonnes, bien placées, & bien pourvûës. Il eft auffi hors de doute, que tout Souverain qui fera fuffifamment informé de ce qui peut être néceffaire pour la défenfe de fes Etats, ne fera point difficulté de mettre dans chaque Place forte cinquante ou foixante pieces de Canon de huit à douze livres de balle & les autres Munitions à proportion. Avec cela on pourra faire une défenfe incroyable, fi l'on en ufe, comme je montre, qu'on le doit faire.

C'eft le coup de Canon, que je trouve qu'on doit faire valoir dans une défenfe ; non pas que je prétende qu'il faudra toûjours tirailler contre

tre tous allans & venans, & contre toute la Tranchée, point du tout, le Canon doit être employé dans les occafions, où l'on peut difputer le terrain aux Affiégeans, comme par exemple contre leurs Bateries, pour défendre les Ouvrages détachés, l'entrée du *Chemin-couvert*, & les paffages des Foffés; c'eft à ces endroits, où il faut, & où l'on peut employer le Canon avec avantage, fuivant le fentiment de plufieurs Ingenieurs tant anciens que modernes, & comme je l'ai vû pas expérience dans les occafions.

Nous avons déja fait remarquer qu'on dit communement en maniere de Proverbe, *ce qui voit eft vu*, il me femble pourtant qu'on pourra bien voir des gens, fans qu'ils nous puiffent voir, cela feroit une difpute; c'eft en fait de Fortification qu'on nous dira, que c'eft un Axiome qui ne fouffre point de contradiction. Il eft vray: je l'accorde auffi volontiers; cependant je trouve une fort grande difference entre voir & être vû. Par exemple, la Baterie Nº. 1. dans le *Plan* précédent L. il faut quelle foit juftement à l'endroit où je l'ai marquée, pour voir & abbatre le Flanc du *Baftion* L: car le dit Flanc n'eft vû, & ne peut être abbatu de nul autre endroit; il faut convenir que l'une voit l'autre, mais ceux qui entendent la chofe remarqueront, que fi le *Plan* étoit entier, ou qu'il y eût trois *Poligones* au-lieu de deux, on y verroit que cette Batterie Nº. 1. feroit vûë de deux *Ravelins*, de deux *Contregardes*, & des Flancs des deux *Baftions* du Corps de la Place, où pourroient être poftées plus de cent pieces de Canon, s'il en étoit de befoin; ceux qui voudront fe donner la peine d'y ajoûter encore un *Poligone*, pourront voir la Démonftration toute entiére.

La difference entre les Affiégés & les Affiégeans eft fort grande dans cette méthode, touchant le voir & être vû; des Affiégés qui auront fix doubles Flancs qui pourront en tout porter plus de cent pieces de Canon toutes dreffées avec de bonnes embrafures, verront dans une occafion des Affiégeans occupés à chercher un terrain propre à élever leur Contre-Baterie; & quand même ladite Contre-Baterie fera achevée, n'eft il pas vrai que les cent pieces des Affiégés pourront toutes enfemble, tirer contre une feule embrafure de ladite Contre-Baterie, pour la renverfer de fond en comble, comme cela eft très-naturel? L'avantage qu'on prétend donc tirer ordinairement de ce Proverbe pour les Attaques, eft ici fans doute & démonftrativement pour la défenfe.

Il eft donc certain que le Canon peut être employé avec fuccès, & plus d'utilité que le coup de Moufquet, dans la défenfe; car on n'empêchera jamais les Affiégeans à coups de Moufquet de dreffer une Baterie, mais bien à coups de Canon, & les Ennemis fe trouveront néceffairement obligés de la démonter; autrement on pourra défendre la Bréche d'un Ouvrage détaché, en fe fervant de l'un & de l'autre, comme je le montre encor fur le *Plan* M. ci-joint, où l'on pourra pofter de la Moufquetterie fur la Face N. du *Chemin-couvert*, & fur la Face du *Baftion* H. du Corps de la Place pour défendre la Bréche du *Baftion* détaché G. ayant avec cela du Canon pofté fur le *Baftion* détaché B. comme on le voit marqué, & qui fera d'une grande affiftance.

Ce ne font point les pieces de vingt-quatre, ni de quarante-huit livres qu'il faut pour la défenfe d'une Place. Bien loin de-là, elles y font fort incommodes, car il eft befoin d'un magazin de poudre pour chacune. Une piece de douze, & même de huit livres feulement, fait autant dans la défenfe qu'une de vingt-quatre, ou de quarante-huit, n'étant queftion que de renverfer des *Gabions*, ou un logement dans le *Chemin-couvert* fur le bord du Foffé, & la *Galerie*, que les Affiégeans doivent faire, pour aller à la

Bréche. Qu'il y ait de l'eau dans le Foſſé, ou qu'il ſoit ſec, nous avons vû par expérience, qu'on eſt obligé d'employer la Galerie, pour aller à la Bréche avec ſûreté. Le Comte de *Pagan* l'a auſſi très bien remarqué.

Suivant donc mon Siſtême, il ne ſera pas beſoin de Magazins ſi gros, qu'on les voit à préſent dans les Forterefſes, où il y a ſouvent plus de cent mille livres de poudre enfermée en un endroit. Si par malheur le feu vient à y prendre, voilà le Magazin en l'air. Non ſeulement la perte eſt grande pour le Prince; mais encore la Garniſon ſe trouve ſans poudre, par conſéquent ſans défenſe, & cela dans le tems que les Ennemis ſont à la porte, comme nous l'avons vû arriver quelque fois.

Le Cardinal de Richelieu diſoit, qu'il étoit plus à propos d'avoir des Magazins de Salpêtre, de Soulfre & de Charbon, que de Poudre toute faite; parce qu'elle ſe gâte aiſément à la longue, & qu'un accident de feu y eſt plus à craindre. J'eſtimerois donc qu'une médiocre proviſion de poudre ſuffiroit avec une quantité conſiderable des matieres qui la compoſent, & lors qu'on ſeroit menacé d'un Siége, on auroit des gens à des endroits, pour en faire ſelon le beſoin, ſans aucun riſque à appréhender: On la placeroit en différens lieux, pour ne pas la perdre toute à la fois.

Il reſte à parler des dépenſes & du tems par rapport à la conſtruction de la Forterefſe. Mais s'il eſt vrai, qu'en trois heures de tems, *Ciceron,* Général des Romains, ait retranché ſon Armée dans les Gaules, comme le dit le Parfait Capitaine, les Soldats n'ayant que leurs épées pour remüer la terre, & que leurs habillemens pour la porter, préſentement donc qu'on a ſuffiſamment des hommes & des Outils, pour remüer la terre avec des Machines pour la tranſporter, il eſt certain qu'en trois jours, ou ſi l'on veut, trois ſemaines, on pourra faire bien du travail.

Lorſque les Ennemis auroient ouvert la Tranchée, & que je verrois, où ſeroit leur Attaque, je fais état de pouvoir en une nuit tirer une eſpece de *Retranchement* devant les *Redoutes* & les *Ravelins,* pour couvrir, & ôter aux Aſſiégeans la vûë des bas *Flancs*: Je ferois enſuite tranſporter le Canon ſur leſdits *Flancs,* & j'attendrois les Ennemis dans cette eſpece de Retranchement. *Qui a la force, a ſouvent la raiſon en matiere d'Etat,* dit un grand Politique. J'en dis ici autant en matiere de défenſe de Place, & je ferois bien voir aux Aſſiégeans, que cinquante ou ſoixante pieces de Canon bien Poſtées, & bien ſervies, ne ſe laiſſent point ſi aiſément emporter.

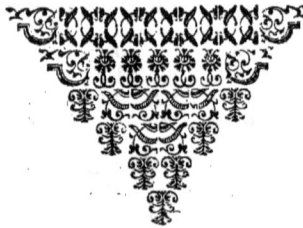

EX-

EXPLICATION DU *PLAN*

N.

CE ne feroit pas une petite difficulté entre ceux qui raifonnent de For-tification, que de vouloir décider, qu'elle a été la meilleure de toutes les manieres qui ont été employées par les plus grands Maîtres dans l'Art de fortifier les Places. Sans entrer aucunement dans cette queftion, je dirai feulement, que je trouve la *Contregarde* de *Landau*, très-bonne, puifqu'elle couvre le *Baftion*; mais le *Flanc* de cette *Contregarde* eft trop petit, & n'eft pas proportionné pour la défenfe de la *Contregarde* voi-fine, & outre cela étant trop expofé à l'Artillerie des Affiégeans, il n'eft nullement en état de réfifter contre une de leurs Bateries, comme je le fais voir dans le *Plan* N. ci-joint.

Cette maniere retirée de la Forterefle me paroît très bonne avec les petits *Baftions* au Corps de la Place, comme nous le voyons auffi à la Méthode de l'Ingenieur *Scheiter*. Car cette féparation, ce petit Foffé entre la *Con-tregarde* & le petit *Baftion* du Corps de la Place, peuvent toûjours, en cas d'Affaut, arrêter les Ennemis fur ladite *Contregarde*, les obliger de s'y loger, & d'accorder une Capitulation, fur-tout lorfque les Affiégeans font preffés de voir la fin du Siége, comme cela arrive quelque fois; & l'on fçait, que plûtôt que de faire la Bréche au Corps de la Place, de combler le Foffé, & de donner un Affaut, un Général aime mieux accorder une Capitulation, pour épargner fon monde, & gagner du tems.

Les *Lunettes* avancées font, à mon fens, mieux placées qu'à la Citadelle de *Lille*, étant certain, qu'un Ouvrage détaché fur un Angle faillant, eft mieux défendu, qu'un autre, qui fera Placé dans un Angle rentrant. Il n'y a que les *Traverfes* que je trouve qui empêchent la défenfe, qu'on devroit, & qu'on pourroit y faire. Par exemple, les deux logemens, que j'ai marqués N°. 6. & 7. devant les *Lunettes* dans le premier *Chemin-couvert*, lesdites *Traverfes* y fervent d'épaulemens, & empêchent la Moufquetterie poftée dans le fecond *Chemin-couvert*, de les découvrir; en forte qúe dix hommes mal placés derriere une *Traverfe*, ôtent à cinquante, qui feroient très-bien, & fûrement pofté, la défenfe qu'ils pourroient faire en un befoin.

S'il y avoit du Canon pofté dans le premier *Chemin-couvert* avancé, les Affiégeans feroient obligés d'ouvrir la Tranchée de loin, & d'y élever des Contre-Bateries, pour le démonter. C'eft ce qu'ils n'ont pas befoin de fai-re dans l'état où cette Place fe trouve fuivant le *Plan* N. & n'y ayant point d'Ouvrages avancés, ils peuvent approcher la premiere nuit, pour pofter les Contre-Bateries N°. 1. & 2. l'une pour démonter le *Flanc* de la *Contregarde* à la gauche, l'autre, pour faire la Bréche dans celle de la droi-te. Cela fait, ils n'ont plus qu'à fe couvrir contre la Moufquetterie, ga-gner le premier & le fecond *Chemin-couvert*, combler le Foffé devant la *Contregarde*, & y donner l'Affaut.

Je n'entens pas par là, que les Affiégeans puiffent d'abord & facilement aller à la Bréche, auffi-tôt qu'elle fera faite, fans y trouver des difficultés. Ce n'eft pas là ma penfée, particulierement lors qu'il y aura une forte Gar-nifon. Je ne puis pas ignorer, qu'en braves gens, ils voudront fe batre, feront des forties, & feront des *Mines*, comme cela a coûtume de fe pratiquer. C'eft effectivement ce qu'une forte Garnifon peut faire, pour prolonger le Siége, & donner tems au fecours, s'il y en a à attendre; il en coûtera néanmoins toûjours du monde, bien des fatigues & toutes les incommodités imaginables.

A l'égard des *Mines*, c'eft véritablement une chofe terrible pour ceux qui fe trouvent ou deffus, ou proche, lorfqu'elles viennent à fauter. Cependant on fçait très-bien, qu'à force de travail, on les découvre, on les évente, & quand il leur arrive de fauter, c'eft la plûpart du tems trop tôt; outre qu'après être fautées, ce font pour lors des logemens tous faits pour les Affiégeans, qui n'ont qu'à les ajufter, au-lieu que fans cela ils auroient quelque fois bien de la peine à les tracer, & à les perfectionner.

Si, outre le Canon du premier *Chemin-couvert*, il y avoit une demi-douzaine de pieces poftées dans le fecond avec de la Moufquetterie, pour difputer l'entrée du premier, lorfque les *Traverfes* en feroient ôtées, & pour flanquer les *Lunettes*, les Affiégeans feroient obligés de dreffer exprès quelque part une Contre-Baterie, pour les démonter. Ce feroit une grande difficulté pour eux, & la Garnifon pourroit alors *miner* lefdites Bateries, & les faire fauter, lorfqu'elle le jugeroit à propos. Si l'on y fait l'attention, que la chofe mérite, cette défenfe fera trouvée beaucoup plus forte: les Affiégés y feroient bien moins fatigués, & ne perdroient pas tant de monde.

Peut-être fera-t-on furpris de me voir fi fort contre les *Traverfes* dans le *Chemin couvert*, au-lieu que la plûpart des Ingenieurs les eftiment beaucoup, en font ufage par-tout, & le Siége de *Lille* auroit pû les confirmer dans ce fentiment, puis qu'on fçait que nous y avons eu beaucoup de peine à les prendre. Mais après ce que j'ai dit au fujet de ces *Traverfes* dans une des premieres Explications de ces Nouveaux *Plans & Projets*, il ne feroit pas néceffaire que j'en parlaffe d'avantage.

Cependant j'ajoûterai encore ici, qu'il n'y a point d'Ingenieur, qui entende bien la défenfe des Places, qui ait été à la Guerre, ait fervi dans des Siéges, dans des Attaques, & examiné l'ufage de ces *Traverfes*, qui ne doive avoir remarqué comme moi, que les hommes qu'on y pofte, font vûs en flanc & à dos, lorfque les Affiégeans donnent l'Affaut au *Chemin-couvert*. Que peut-on donc en conclure, finon qu'elles ne font point d'une bonne défenfe.

Tout Ingenieur, qui aura aidé à prendre un *Chemin-couvert*, & qui y aura fait un logement, fera obligé de convenir avec moi, que les *Traverfes* lui ont fervi d'épaulement, pour couvrir fon logement en Flanc. Cela étant, ne doit-on pas conclure, qu'elles font au préjudice d'une Forterefle?

Je ne fais donc point difficulté de dire, après avoir bien examiné la chofe, avoir raifonné pour & contre, & avoir fenfiblement reconnu le mal qu'elles peuvent caufer, qu'il y auroit ou de l'ignorance, ou de la mauvaife intention pour le fervice du Prince à les vouloir approuver, & à en placer dans un *Chemin couvert*, à moins qu'il n'y ait des hauteurs autour de la Place; mais alors on les conftruit d'une maniere à pouvoir feulement couvrir les gens dans leurs poftes, & empêcher, que les Affiégeans ne puiffent point les voir defdites hauteurs ni en Flanc, ni à dos.

Pour derniere conclufion, je dirai, que fi les hauteurs ne font point extraordinaires, il fuffit de faire des Bonnets fur les Angles faillans. Enfin, il y a des cas & des endroits, fur-tout dans les vieux Ouvrages, où les *Traverfes* font néceffaires; mais le moins qu'on en puiffe faire, ce fera le meilleur.

EX-

EXPLICATION DU *PLAN*

O.

Près avoir parlé de la Forteresse de *Landau*, en l'état, où elle étoit pendant la derniere Guerre, avant qu'elle fût Assiégée par l'Armée Françoise, & avoir fait voir en quelque maniere sur le *Plan* précédent, comment on pouvoit l'attaquer, pour en démonter les défenses, & faire la Bréche, je crois qu'on ne sera pas faché de voir le *Projet*, que j'avois formé en ce tems là, pour couvrir les Ouvrages de cette Place, & donner moyen à la Garnison d'employer l'Artillerie avec la Mousquetterie, pour pouvoir commodement & bien disputer le terrain aux Assiégeans, & faire une défense proportionnée à l'attaque.

Ce seroit trop d'Ouvrage, & de dépense que de vouloir faire des changemens à la massonnerie des Places actuellement construites, qui souvent ont coûté de grosse sommes aux Princes. C'est pourquoi j'aurois voulu laisser celle-ci sans toucher au *Ramparts*, *Ravelins*, *Contregardes*, aux *Tenailles* dans le Fossé, ni enfin à aucun Ouvrage massonné. Ce sont les deux *Chemin-couverts*, auxquels j'aurois fait des changemens, pour y faire consister la plus grande force & la meilleure défense.

Mon sentiment auroit été de construire encore une *Lunette*, ou *Fléche*, aux Angles saillans du premier *Chemin-couvert*, comme je les ai marquées L. A. & N. avec une communication, & d'ajoûter les Bateries D. S. & B, où l'on auroit pû poster quelques pieces de Canon, pour défendre lesdites *Lunettes* ou *Fléches*, tenir les Assiégeans éloignés, & les obliger d'ouvrir la Tranchée plus loin, ces nouvelles Bateries étant pour le moins quatre cent pas plus proches d'eux, que n'étoient celles du Rampart capital, avant ces nouveaux Ouvrages.

On auroit pû mettre de la Mousquetterie dans ces Fléches, & dans leur communication, pour couvrir les Bateries du *Chemin-couvert*, & mieux disputer le terrain aux Assiégeans.

Les *Fléches* sont, & ont été de tout tems une bonne défense ; les anciens Ingenieurs, ne l'ont point ignoré, & sans nous arrêter à faire voir la peine qu'elles ont donné à l'Armée Ottomane au fameux Siége de *Candie*, il suffit de dire, & on le sçait assez par les Relations, que la Garnison s'en est avantageusement servie contre les Assiégeans. J'ai trouvé dans un Ecrit que le Baron de *Swenden*, Général des Imperiaux, a composé touchant la Guerre, il y a plus de cent ans passés, qu'entre autres choses en parlant des Attaques & défenses des Places, il dit qu'un petit Ouvrage détaché sans massonnerie, seulement fraisé, & pallissadé, soûtenu par une communication, & flanqué du *Chemin-couvert*, donne beaucoup de peine à des Assiégeans, qu'il faut bien se précautionner pour en approcher, & que très-difficilement on peut s'en rendre maître.

On a coûtume de dire que les Attaques se font beaucoup perfectionnées depuis cent ans, il est pourtant très-constant que ces sortes d'Ouvrages détachés, que l'on nomme présentement *Fléches* à cause de leur Angle aigu, nous ont donné beaucoup de peine à les prendre pendant la derniere Guerre, quoi qu'elles ne fussent défenduës que par quelques Mousquettaires postés dans le *Chemin-couvert*. Combien celles-ci en donneroient-elles davantage, la Mousquetterie étant soûtenuë par le Canon des Bateries, qui étant hori-

zontalement poftées, ne donnent, point, ou peu de prife à celui des Affiégeans.

J'aurois enfuite fait ôter toutes les *Traverfes* du premier *Chemin-couvert*,
comme auffi celles du fecond, dans lequel j'aurois encore fait pofter une
Baterie, pour flanquer dans le premier, afin d'aider à en difputer l'entrée,
& à défendre la *Lunette* détachée, comme je l'ai marqué fur le *Plan* O.

Ces nouvelles difpofitions faites, la Baterie No. 1. dans le *Plan* N. n'auroit pas pû fi facilement démonter le Flanc de la *Contregarde*; car la Baterie
du *Chemin-couvert* lui en auroit ôté la vûë, & les petits Ouvrages marqués
dans les Places d'Armes du premier *Chemin-couvert* vers la Campagne, auroient empêché pareillement la vûë à la Baterie N°. 2. pour découvrir, &
batre fi facilement la Face de la *Contregarde*, pour y faire la Bréche; de
forte que le *Chemin-couvert* auroit fervi de *Contregarde* à la *Contregarde*, &
auroit obligé les Affiégeans à s'en rendre maîtres l'une après l'autre, avant
que de pouvoir pofter leurs Contre-Bateries devant ladite *Contregarde*, pour
démonter la défenfe, & faire Bréche.

Voilà le *Projet* que j'avois formé fur cette Forterefle. Il peut facilement être appliqué à toutes les vieilles Places, où il y a de l'eau dans les
Fofsés, n'étant feulement queftion que de quelques changemens, faciles à
pouvoir être exécutés en peu de tems, & à peu de fraix; mais qui, en cas
d'attaque, feroient capables de faire une défenfe merveilleufe avec peu de
monde, une médiocre Artillerie & des Provifions à proportion.

Je laiffe à juger, fi l'on peut avoir eu de bonnes raifons, pour traiter ces
Projets, comme des imaginations impraticables fur le Terrain. Un Ingenieur ne peut-il pas avoir des idées, & acquerir par la Théorie & la pratique des connoiffances, auxquelles un autre ne penfera peut-être jamais?

Afin de démontrer encore plus particulierement que les Projets, que je propofe, ne font point des imaginations impraticables fur le Terrain, on doit,
en regardant les *Plans* N. & O. faire entr'autres la réflexion, que dans le
Plan N. je montre, que la Baterie N°. 8. peut facilement batre en Bréche
dans la *Lunette*, qui eft dans l'Angle N°. 7. & l'on conviendra avec moi, que
ladite Baterie pourra facilement y être faite, lorfque le Canon fera démonté, & que les Affiégeans auront pris Pofte dans ledit Angle du
Chemin-couvert, lequel ne fera pas difficile à prendre, parce que les *Traverfes* favorifent, & couvrent ceux qui y font entrés.

On verra le contraire dans le *Plan* O. La Baterie de l'Angle S. couvre en
quelque maniere, & même autant qu'on voudra les Faces de ladite *Lunette*,
& pour entrer dans le *Chemin-couvert*, les Affiégeans feroient abfolument
obligés de rendre inutile la Baterie E. dans le fecond *Chemin couvert*. Elle
fera très-difficile à démonter, d'autant qu'elle eft, pour ainfi dire, à platte
terre. La Face de la *Contregarde* du Corps de la Place peut auffi y donner,
comme l'on voit par les lignes, ou traits, qui en font tirés. De forte qu'il
ne me paroît pas poffible, qu'on entre dans cet Angle S. qui eft le même
que celui du N°. 7. dans le *Plan* N. Il ne fera pas affûrement poffible à des
Affiégeans d'entrer dans cet Angle, & d'y faire un logement, avant que
d'avoir démonté la défenfe que j'ai propofée.

Refte à faire voir, que les Affiégeans ne pourroient pas fe fervir de cette
Baterie S. contre la *Lunette*. La raifon en eft, qu'il y a un Fofsé au devant, lequel devroit néceffairement être comblé. Qu'il y ait de l'eau, ou
qu'il foit fec, ce feroit à peu près la même chofe. L'Ouvrage feroit très-
difficile à faire dans un Siége, parce que le Canon veut un fondement ferme;
autrement il enfonceroit, & la chofe feroit toûjours à recommencer.

E X.

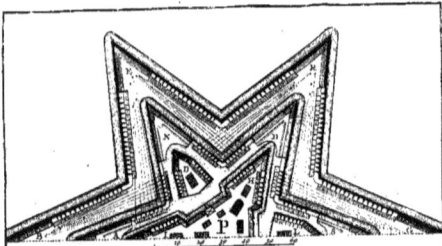

Rheinl. Rheinen

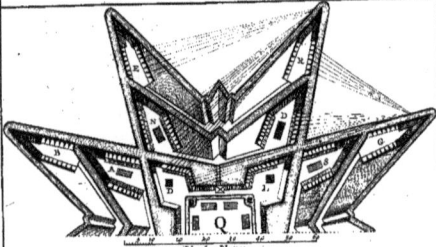

Rheinl. Rheinen

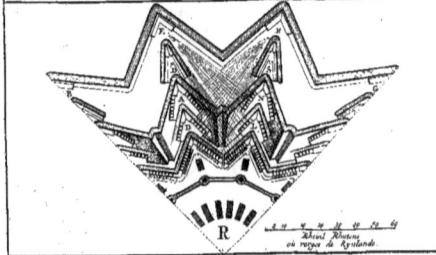

Rheinl. Rheinen
ou verge de Ryulande.

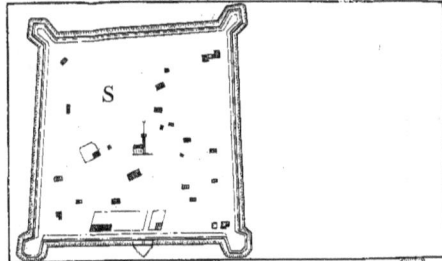

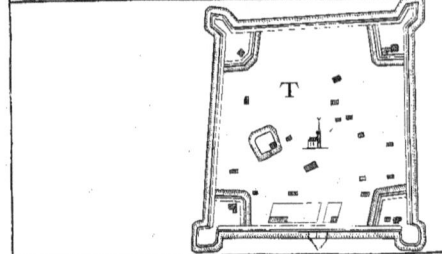

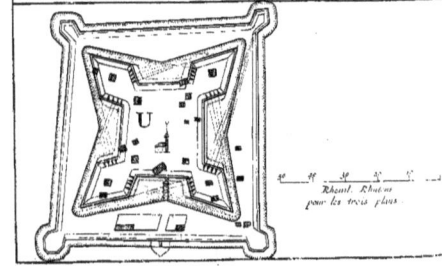

Rheinl. Rheinen
pour les trois plans.

EXPLICATION DU *PLAN*

P.

LEs Ingenieurs ont coûtume de commencer leurs raifonnemens touchant la Fortification, en faifant voir qu'on doit rejetter la Figure du
Triangle, comme n'y étant point propre, à caufe que les Angles en font trop
aigus. Je dirois la même chofe avec eux, fi l'on étoit obligé de fuivre la
Méthode ordinaire de fortifier les Places ; mais fi l'on veut examiner, &
fuivre ce qui fera reconnu être de plus avantageux, comme la droite raifon
le demande, je fuis très-perfuadé, qu'on trouvera des avantages extraordinaires à fe fervir du *Triangle*. Le *Plan* P. ci-joint, fera fenfiblement connoître
la vérité de ce que j'ofe avancer.

Pofons qu'on veuille fuivre la Méthode ordinaire touchant le Corps de la
Place, nous le regarderons comme un Donjon ; mais pour les *Ravelins*,
Lunettes & *Fléches*, je crois, qu'on doit en raifonner tout autrement.
Que ces Ouvrages ayent les Angles obtus ou aigus, ce n'eft pas à quoi il
faut s'arrêter. Il s'agit de chercher à en éloigner l'Ennemi, & c'eft ce
qui fe pourra très-bien faire, lorfque lefdits Ouvrages feront difpofés d'une
maniere à fe pouvoir foûtenir & entr'aider réciproquement les uns les autres
par une défenfe réciproque à bons coups de Canon & de Fuzil.

Voici une Méthode pour fortifier un *Triangle*. Je fuppofe, qu'on aura
fuffifamment compris mon fentiment touchant l'Angle faillant dans la Fortification ; car on ne monte jamais à l'Affaut dans un Angle faillant, mais au
milieu de la Face. Il eft donc feulement néceffaire de chercher le moyen
de couvrir l'Angle & la Face, pour qu'ils ne foient point vûs des Bateries,
que les Affiégeans pourroient, dès le premier jour, dreffer dans la Campagne. On doit les obliger d'entrer premierement dans le *Chemin-couvert*,
pour s'y loger, y dreffer leurs Contre Bateries, afin de démonter la défenfe de la Place, & de faire Bréche.

Le *Plan* P. eft la moitié d'une Fortereffe *Triangulaire*. Un Ingenieur,
qui entend la Géométrie & un peu le Deffein, trouvera bien le moyen d'en
faire un *Plan* entier, plus grand, ou plus petit, comme il lui plaira. Je
me fuis contenté de montrer feulement, que le Corps de la Place aura trois
Baftions, & dans chaque *Poligone*, un Ouvrage, ou efpece de *Baftion* détaché, au-lieu du *Ravelin*. Le Corps de la Place fera entouré d'un Foffé
étroit. Un *Chemin-couvert*, ou plûtôt une *Fauffe braye* entourera l'un &
l'autre, & formera un *Exagone*, au tour duquel il y aura un Foffé plein
d'eau, fi cela fe peut. Un autre *Chemin-couvert*, qui n'aura auffi que fix
Poligones, enveloppera cette *Fauffe-braye*, & le tout fera enfin entouré d'un
Foffé plein d'eau, fi le terrain le permet. Je crois la Place alors affez forte, & en état de donner à une Garnifon le moyen de pouvoir y faire une
bonne réfiftance.

Peut-être s'en trouvera-t-il qui demanderont, comment on pourra faire
des forties de cette Place en tems de Siége ? car j'en ai vû, qui étant d'ailleurs habiles, s'imaginoient, qu'on ne peut pas bien défendre une Place,
fi l'on ne fait de fréquentes forties.

Je conviens, que dans de mauvaifes Places, où l'on ne peut point employer l'Artillerie, pour épargner les hommes, il faut employer les hommes
pour fe chamailler à coups de main contre les Affiégeans, afin

L   de de gagner un peu de tems; mais dans la Place en queſtion, ou l'on peut avec le ſeul *Chemin couvert* éloigner l'Ennemi à coups de Canon, je ne ſerois point de ſentiment, qu'on ſacrifiât ſi facilement les hommes dans des ſorties, comme on le fait à préſent, étant certain que les Aſſiégés y font toûjours la plus groſſe perte, lorſque les Aſſiégeans ſçavent ſe tenir ſur leurs gardes, comme il eſt naturel qu'ils le faſſent. Les Aſſiégés en perdant un ſeul homme, perdent plus que ne peuvent faire les Aſſiégeans, qui en perdroient cinquante; puiſque ceux-ci ont le moyen de réparer leur perte, & les autres ne peuvent pas l'avoir, étant renfermés dans leur Place, & par conſéquent leur perte eſt irréparable.

Si non-obſtant cette raiſon, on avoit envie de faire des ſorties, je ſerois d'avis, qu'outre le Foſſé plein d'eau devant le *Chemin-couvert*, on préparât un certain eſpace de terrain, comme un Foſſé ſec, qu'on y mît au milieu une rangée de groſſes Palliſſades avec des Portes de diſtance en diſtance : Cette rangée de Palliſſades doit être couverte contre les enfilades par un petit Ouvrage, ou une *Fléche*, qu'on mettra à l'Angle ſaillant, comme on en voit marquées ſur les Angles ſaillans au *Plan C.* Je laiſſe le reſte de ce qui regarde les ſorties, à la conduite d'un Commandant expérimenté à la guerre, me rapportant à ce que j'ai dit à ce ſujet dans l'Explication dudit *Plan C.* ſur le Projet de la Citadelle de *Lille.*

On pourra faire les Ouvrages preſque tous d'une même hauteur, en faiſant les *Bonnets* toûjours cinq ou ſix pied plus hauts que le reſte du Parapet, ſuivant le beſoin, excepté le Parapet de la *Fauſſe-braye* devant la Face du *Baſtion* & celle du *Ravelin*, qui doit être ſi bas, que cette Face du *Baſtion* puiſſe facilement dominer par deſſus ſur le Foſſé, & dans l'Angle du *Chemin-couvert* ? & que réciproquement le *Ravelin* puiſſe donner dans l'Angle, comme on le verra marqué par les traits.

Pour élever les Ouvrages, il faudra néceſſairement ſe régler ſuivant la terre que l'on voudra tirer des Foſſés ; autrement, il ſuffiroit de faire ſeulement à ce *Chemin-couvert*, un bon Parapet de ſix pieds de hauteur & de vingt-quatre de largeur ſur la Couronne. On pourra faire une *Cunette* au milieu des Foſſés, pour ne pas les creuſer par tout également profonds. Je m'aſſure qu'un Ingenieur, qui aura de l'expérience, ne s'amuſera pas à critiquer ce Siſtême, & qu'il cherchera plûtôt le moyen de l'exécuter, comme il ſeroit convenable, à proportion & ſuivant le Terrain.

S'il ſe rencontroit des Ingenieurs, qui prétendiſſent ſoûtenir, qu'une petite Foitereſſe ne peut pas être d'une bonne défenſe, je reconnoîtrai volontiers, qu'ils ont raiſon, ſi l'on veut ſuivre la route ordinaire de fortifier. Alors il n'eſt pas poſſible de mettre en état de bonne défenſe une Fortereſſe *Triangulaire*, ni celle qui ſera *Quarrée*; mais on peut voir qu'il en eſt tout autrement en ſuivant les *Plans* que je propoſe.

Cette Fortereſſe eſt petite, mais le *Chemin-couvert* préſente un bon Front. On peut y avoir une vingtaine de pieces de Canon ſur chaque Face, pour découvrir la Campagne : en dedans il eſt aſſez large, pour pouvoir agir, & avoir une bonne communication avec la *Fauſſe-braye* par le moyen d'un petit Pont, qu'on peut avoir ſur le Foſſé dans l'Angle rentrant.

Il ne ſera pas poſſible aux Aſſiégeans de découvrir la Baterie ſur la *Fauſſe-braye*, que lors qu'ils ſeront entrés dans le *Chemin-couvert* ; d'autant que le Parapet de ce *Chemin-couvert* lui ſert de *Contregarde.*

EX-

EXPLICATION DU *PLAN*

Q.

LEs Règles de la Fortification suivant plusieurs Auteurs, n'ont pas jusqu'à préfent permis de conftruire des Ouvrages qui ayent l'Angle faillant au deffous de foixante degrés ; mais je ne ferois pas le premier qui auroit entrepris d'aller contre ces Règles, les célébres Ingenieurs *Speckle* & *Pagan* ne s'en étant pas mis en peine , & auffi elles ne doivent pas fervir de loi inviolable à ceux qui entendent l'Art de Fortifier les Places , de les attaquer, & de les défendre, & qui fçavent, comment on fait la guerre.

J'ai vû à une Place de conféquence, un Ouvrage détaché, dont l'*Angle* faillant n'étoit gueres au deffus de quarante degrés. C'étoit un petit *Baftion*, ou un demi-*Baftion*, qui avoit coûté plus de dix mille écus de permiffion: le Terrain ne le permettoit pas autrement. Il avoit l'approbation de tous les gens de guerre, qui étoient capables d'en juger. Ils convenoient, que c'étoit une démonftration évidente, que l'Angle eft toûjours affez étendu à un Ouvrage détaché, pourvû qu'il foit couvert & bien flanqué par d'autres Ouvrages.

C'eft ce qui m'a fait entreprendre, de donner ici la Méthode de fortifier le *Quarré*, & de le rendre d'une défenfe merveilleufe, fans avoir égard à des *Angles*. On pourroit même, fi l'on vouloit refter fcrupuleux fur la pointe de l'*Angle*, en couper quelques Toifes de la longueur, & l'arondir. Je ne crois pas qu'on voulût attacher le *Mineur* à un *Angle*, tant qu'il pourroit être flanqué à coups de Canon avec de bonnes Bateries.

Le *Plan* ci joint eft donc la moitié d'un *Quarré*. Mon deffein n'eft pas de faire un long Difcours fur la maniere dont la Place doit être conftruite. Le *Plan* le montre fuffifamment, & un Ingenieur l'entendra facilement. Mon intention eft feulement de faire voir, que fi les Affiégeans trouvent le moyen de rompre la pointe de l'Angle d'un Ouvrage détaché vers la Campagne ils ne pourront néanmoins en approcher, avant qu'ils ayent renverfé, & rendu inutiles plufieurs Bateries très-bien difpofées, & quelques-unes très-difficiles à pouvoir être démontées, étant prefque horizontalement poftées, pour flanquer cet *Angle* à coups de Canon.

Si l'on ne trouve pas, qu'il y ait de l'efpace fuffifamment pour loger la Garnifon, on pourra hardiment conftruire un Corps de *Cafernes* dans la *Contregarde*, fans qu'il puiffe porter du préjudice. Au contraire, s'il y avoit des gens de la Garnifon en cet endroit, il n'yauroit pas d'efcalades, ni de furprifes à craindre au Corps de la Place ; ou bien on pourra y mettre des Magazins, & faire bâtir un Corps de *Cafernes* dans le *Baftion* du Corps de la Fortereffe.

Il faudra moins de Garnifon dans cette Place, que dans un *Quarré* fortifié fuivant la Méthode ordinaire, où il y a deux grands *Chemin-couverts*, qu'il faut néceffairement garnir, autrement toute la Fortereffe court rifque. Ce *Quarré* ci a l'avantage, que fes dehors peuvent être défendus par le Canon du Corps de la Place, foit des *Faces*, ou des *Flancs* ; & cet avantage eft bien plus confidérable, que celui d'avoir un plus grand nombre d'hommes.

Le Corps de la Place eft petit, pour y faire une défenfe interieure, com-
L 2   me

me je le voudrois bien. J'en ai cependant marqué une, qui ne laiſſera pas de bien ſervir contre une ſurpriſe, & lors qu'il y auroit une petite Garniſon, pendant que les Armées en ſeroient éloignées. C'eſt pour cela que j'ai marqué une petite *Redoute* dans chaque gorge des *Baſtions*, entourée d'un Foſſé étroit, que je fais regner tout à l'entour des Maiſons & des *Caſernes*.

Comme j'eſtime très-particulierement, qu'un Ouvrage extérieur ſoit défendu par d'autres Ouvrages détachés, & que le Corps de la Place puiſſe toûjours les ſecourir, je me ſuis auſſi principalement appliqué dans ce *Plan* à faire voir que cela ſe pourroit très-bien, ſi on le vouloit. En conſtruiſant, par exemple, les Ouvrages comme je les ai marqués ſur le *Plan*, la Place ſera également forte de tous côtés; car il y aura toûjours trois Bateries, qui en défendront une quatriéme. Le premier Ouvrage détaché, la *Fléche* E. par exemple, le *demi-Baſtion* N. & la Face du *Baſtion* capital D. défendent la Fléche R. la Fléche G. le demi Baſtion S. & le Flanc du *Baſtion* du Corps de la Place pourront la défendre de l'autre côté, & ainſi des autres, comme le *Plan* le fait voir.

Je ne dis pas qu'on doive d'abord conſtruire une Foﬔreﬔ ſur le modele de celle-ci. Ce n'eſt qu'un *Projet* imaginé ſur la Figure du *Quarré*. Chacun eſt libre de former des idées, ou de choiſir celles qui lui plaiſent. Toute mon intention eſt de démontrer, que celle-ci du *Quarré* pourroit facilement être miſe en pratique, de même que le *Pentagone*, l'*Exagone*, & l'*Eptagone*, qui ſuivant cette Méthode, fourniſſent des moyens de défenſe extraordinaire. Les Angles n'y ſont pas ſi aigus, & l'on y trouve plus d'eſpace pour les Maiſons dans le Corps de la Place.

Les Ouvrages extérieurs n'ont pas beſoin d'être élevés fort haut; & il n'eſt pas néceſſaire que les Foſſés ſoyent plus larges: les communications des Ouvrages ſont couvertes par les eſpeces de *Chemin-couverts* que j'y fais, & qui ſe font à peu de fraix, lors qu'on les ſçait faire à profit.

Il eſt difficile de pouvoir bien expliquer toutes les penſées, qu'on peut avoir pour la défenſe d'une Place. Il ne ſeroit pas même néceſſaire de le faire, ſi les Ingenieurs vouloient eux-mêmes examiner la choſe, & en juger, après en avoir pris une connoiſſance exacte. S'il y avoit, par exemple, une Bréche dans les deux Ouvrages détachés E. & R. & que les Aſſiégeans vouluſſent donner l'Aſſaut a ces deux *Fléches* en même tems, il eſt très-certain, qu'on ne pourroit point compter ſur la défenſe de ceux qui ſeroient dans ces Ouvrages; mais c'eſt ſur la *Contregarde* N. & la Face du *Baſtion* D. qu'on peut faire état, pour ſeconder la *Contregarde* R. comme je l'ai marqué par des traits. De même la *Contregarde* D. & la Face du *Baſtion* L. pourront défendre la *Fléche* E. & en faiſant des *Caſemattes* ſous le Corps de la Place, la Garniſon pourra s'y mettre avec les Proviſions & les Malades à couvert des Bombes, excepté les gens qui ſeroient commandés ſur les Bateries, en attendant que les Aſſiégeans trouvent moyen de démonter toutes ces défenſes; ce qui demande du tems, & c'eſt à mon ſens, un avantage tres-conſiderable; car qui gagne du tems, gagne beaucoup.

EX-

EXPLICATION DU *PLAN*

R.

VOici encore une Méthode pour fortifier une Place fans *Baftions*. Quoique j'en aye fuffifament parlé ailleurs, comme néanmoins il y a ici du changement, il me femble qu'il eft néceffaire d'en donner une explication particuliere.

Si le *Plan* étoit en fon entier, il y auroit douze *Poligones*, c'eft-à-dire, douze *Tenailles*, entourées d'un Foffé étroit & d'un efpece de *Chemin-couvert*. Sur chaque Angle faillant, il y auroit deux ou trois efpeces de *Fléches*, avec lefquelles on pourroit avoir communication par ledit *Chemin-couvert*, qui fera entouré d'un Foffé étroit. On fçait qu'il y a plufieurs Fortereffes dans le Monde, qui ont plufieurs *Chemin-couverts*. C'eft à cette imitation, que j'en ai ici ajoûté un fecond, qui fera vers la Campagne, entouré d'un Foffé de cinq toifes; on pourra le faire plus large, ou plus étroit, comme on le voudra.

A quelque endroit que des Affiégeans viennent fe pofter, pour attaquer ce *Chemin-couvert*, ils y trouveront par tout la même force : Que ce foit fur l'Angle faillant, ou dans l'Angle rentrant, ce fera toûjours la même chofe. Ils auront beau fe referrer avec leur Tranchée, il faudra de néceffité qu'ils s'engagent avec quatre Faces, pour le moins, de ce *Chemin-couvert*, & qu'ils s'expofent à leur feu; de forte que le Canon croifera également aux Angles faillans & dans les Angles rentrans, comme cela eft facile à remarquer fur le *Plan*.

Une Fortereffe conftruite de cette maniere, pourra faire une défenfe, meilleure que ne le font celles d'aujourd'hui avec des *Baftions*. Car à commencer par le *Chemin couvert* avancé, il eft affez large, pour y faire valoir l'Artillerie: fuppofé que les Affiégeans puiffent en renverfer la défenfe, il leur faudra bien du tems pour en venir à bout. Ils feroient enfuite obligés d'entrer dans ce *Chemin couvert*, de s'y loger, & d'y dreffer la Contre-Baterie, pour détruire celles des deux *Fléches*, & de toute la Face du Corps de la Place, ne leur étant pas poffible de découvrir plûtôt cette défenfe; d'autant que le *Parapet* du premier *Chemin-couvert* leur en ôte la vûë, & lui fert de *Contregarde*.

Il faut néceffairement que les Affiégeans fe rendent maîtres de ces trois *Fléches* l'une après l'autre, avant que de pouvoir s'attacher au Rampart capital; il eft donc inconteftable, qu'un Rampart en *Tenaille* eft préferable à un autre pour défendre ces *Fléches*, & pour fe défendre foi même, puifque cette *Tenaille* eft tout *Flanc*, & un autre Rampart n'en a qu'une petite partie, & la moindre des trois, dont elle eft compofée.

J'ai fait voir ailleurs, que les furprifes ne font point à craindre dans cette Place, à caufe de la défenfe intérieure. Je ne vois pas non plus, qu'on y puiffe craindre le *Mineur* dans l'Angle rentrant du Rampart capital, qu'on nomme communement *Angle-mort*, étant certain que l'attaque d'un homme feul n'eft pas à craindre, & que fi le *Mineur*, n'eft foûtenu de toute l'Armée, il ne peut rien faire. Or fi les Affiégeans peuvent trouver moyen de fe loger dans le *Chemin-couvert*, & de paffer le Foffé, pour foûtenir le *Mineur*, ils le trouveront bien auffi de faire la Bréche, fans être obligés d'y employer le *Mineur*, lequel par conféquent n'eft point à craindre.

M.   Ceux

Ceux qui croyent, qu'un *Mineur* peut prendre une Place, se trompent fort, & font voir, ou qu'ils n'ont pas été beaucoup employés à des Siéges, ou qu'ils y ont peu profité, étant très-aisé de s'être assûrés du contraire. Un Château bâti à l'Antique, & même une Ville, qui a un simple Rampart extrémement haut avec des Tours quarrées ou rondes, où l'on ne peut agir ni avec le Canon, ni avec la Mousquetterie, pour la défense, doit avec raison faire appréhender le *Mineur*.

Mais à l'égard du *Plan* de la Méthode que je présente, ou des Assiégeans sont obligés de se loger dans le *Chemin-couvert*, & d'y poster des Contre-Bateries, pour abbatre les Flancs de deux *Fléches*, contenant chacune cinq ou six piéces de Canon, & toute la Face ou le Flanc du Rampart capital, qui peut en porter une douzaine, où il faut combler les Fossés devant les *Fléches*, pour y prendre poste, & combler le Fossé capital, avant qu'on puisse attacher le *Mineur* au Rampart du Corps de la Place, pour y faire la *Mine*, je crois pouvoir dire hardiment, que cette crainte n'a point de fondement ; & je m'assûre que ceux qui examineront attentivement cette Méthode de défense, & la comprendront bien, conviendront avec moi, qu'on ne doit pas y craindre le *Mineur* en aucune maniere.

Il reste à parler de la dépense, pour mettre la construction de ce *Plan* en pratique sur le Terrain ; ce qui pourroit facilement être compris par ceux qui feront réflexion, qu'en plusieurs endroits de ce Discours, je n'approuve point les hauts Ramparts, ne les jugeant nullement nécessaires contre les surprises, puisque la défense intérieure est suffisante, pour en garantir. On n'aura donc seulement besoin que d'un Rampart, qui ait le Terre-plein de la hauteur ordinaire, qui est six pieds, y compris la Banquette. Le *Chemin-couvert*, que j'ai marqué autour du Corps de la Place, n'y sera pas nécessaire, si l'on veut user d'épargne : on peut se contenter des *Fléches*, qui sont sur les Angles saillans. Le *Chemin-couvert*, qui entoure ces *Fléches*, ne doit avoir que six pieds de hauteur, y compris la Banquette, où on pourra faire des embrasures, & un Bonnet sur les Angles saillans. Voilà tout ce qu'il y auroit à faire, pour mettre cette Place en état de perfection. On jugera facilement que la dépense ne peut-être grande, lorsqu'un Ingenieur sera véritablement entendu, & qu'il sçaura se régler suivant le Terrain.

Mon sentiment n'est pas, qu'on doive d'abord mettre cette Méthode en pratique en tous lieux sur toutes sortes de Terrains. L'Ingenieur expérimenté doit choisir celle qui peut convenir le mieux à chaque Terrain particulier. Et ceux qui auront bien lû & examiné ce que *Speckle*, le Comte de *Pagan*, & le *Parfait Capitaine*, ont écrit sur cette matiere, sçauront sans doute, qu'il ne faut pas construire par-tout de grandes Forteresses, & lorsque les Princes en ont besoin pour la conservation de leurs Etats, c'est aux Ingenieurs à examiner la nature du Terrain, & les dispositions d'Ouvrages, qui y conviennent le mieux pour la sûreté & la facilité de la défense, avant que de rien commencer.

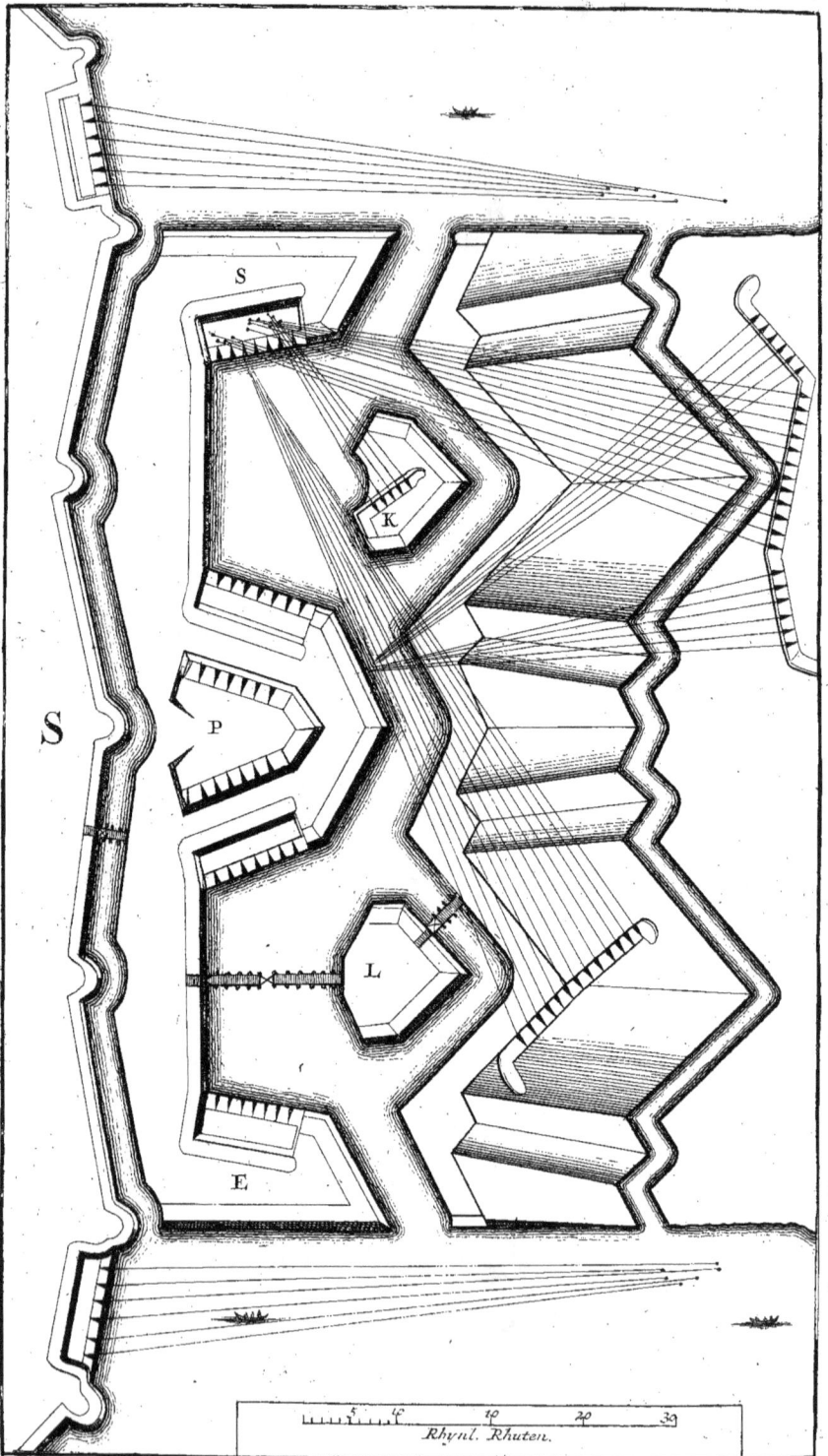

S

S

K

P

L

E

Rhynl. Rhuten.

5 10 20 30

EXPLICATION DU *PLAN*

S.

VOici le Projet d'une Place, qu'un Ingenieur a formé. Il eſt inutile de marquer le nom de l'Auteur, ni celui de la Place. J'ai ſeulement deſſein d'examiner cette maniere de Fortifier, & d'en propoſer mon ſentiment, tant pour l'attaque, que pour la défenſe.

Cette Ville, comme on le voit ſur le *Plan*, eſt fortifiée à l'Antique avec une bonne Muraille & des Tours. La Mer l'environne, en telle ſorte, qu'elle ne pourroit être attaquée que par le Front, où il y a quelques vieux Ouvrages mal flanqués, que l'Auteur n'a point marqués ici. Il paroît, qu'il veut les razer tous, & faire conſtruire à leur place le Projet marqué ſur le *Plan* S. ci-joint.

Je trouve que cet Ingenieur a très-bien diſpoſé ce Front, ſuivant la Méthode ordinaire, avec un bon *Baſtion* & deux demi, à peu près ſelon la premiere maniere de *Speckle*. Lesdits *Baſtions* ſe flanquent très-bien au Front, & les demi ſont très-bien flanqués à côté, avec des Bateries poſtées ſur le Rampart du Corps de la Place, avec Flanc haut & Flanc bas.

Il a projetté de petits *Baſtions* détachés avec des Flancs & à la place des *Ravelins*. *Speckle* les propoſe auſſi, & montre que la Face de ces *Baſtions* détachés peut être flanquée par le Flanc de l'autre *Baſtion* détaché, & par le Flanc du *Baſtion* du Corps de la Place; comme ſi, par exemple, le Flanc du demi-*Baſtion* S. pouvoit auſſi flanquer la Face du *Baſtion* détaché L. Mais cela ne ſe peut pas ici, comme on le voit par la maniere, dont l'Auteur les a placés ſur le *Plan*.

Il a en quelque maniere couvert les *Baſtions* & les *Ravelins* avec un *Chemin-couvert* & un *Glacis*, lequel eſt environné d'un Avant-Foſſé, où il veut faire entrer l'eau de la Mer, pour la joindre par cette maniere, & mieux aſſûrer ce Front contre les ſurpriſes; en quoi je trouve qu'il a raiſon, d'autant que c'eſt toujours autant de gagné; que de prévenir les ſurpriſes, ou de retarder les premieres attaques des Aſſiégeans qui ſeront obligés de combler cet Avant Foſſé, d'y jetter des Ponts, avant que de le paſſer.

On peut dire, en effet & avec raiſon, qu'un grand *Glacis* ſans Avant-Foſſé, eſt un chemin facile pour des Aſſiégeans, qui y trouveront de bonne terre, pour ſe couvrir en approchant, ou qui leur donnera le moyen, s'ils veulent riſquer du monde, de donner un Aſſaut, & d'emporter le *Chemin-couvert* dès le premier jour, & de s'y loger, lorſqu'ils s'y prendront, comme il faut. La choſe n'eſt pas ſans exemple, & nous en avons vû l'expérience.

Il n'a point ordonné de *Traverſes* dans le *Chemin-couvert*, pour avoir apparemment remarqué dans les occaſions, qu'elles ne ſont point avantageuſes pour la défenſe, comme en effet la Garniſon n'en reçoit que du préjudice, & les Aſſiégeans au-contraire ne pourroient rien ſouhaiter de plus commode pour ſe loger derriere, lorſqu'ils ont emporté le *Chemin-couvert*. Mais l'Ingenieur auroit pû ordonner un *Bonnet* ſur les Angles ſaillans, pour couvrir les enfilades, & c'eſt ce que je trouve, ou qu'il a négligé, ou à quoi il n'a pas penſé, quoiqu'à mon ſens, ce ſoit pourtant une choſe de la plus grande conſéquence.

M 2

Ceux,

Ceux, qui voudroient attaquer cette Place, y trouveroient bien des diffi-cultés. Je crois néanmoins, qu'on peut montrer de quelle maniere on pour-roit poster les Contre-Bateries, pour démonter les Flancs, & pour faire Bréche dans la Face du *Bastion*. L'Avant-Fossé n'etant disputé qu'avec de la Mousquetterie, on pourra le passer avec le tems de la maniere, dont cela a coûtume de se pratiquer par ceux, qui entendent les Siéges.

Pour démonter la défense des Faces des Bastions on peut dresser des Ba-teries dans la Campagne. Les Ingenieurs sçavent assez que cela se peut faire aux Forteresses ordinaires, quoi qu'avec bien de la peine. On voit ici la Baterie No. 1. qu'on pourra poster plus éloignée de la Place. Après ce-la on postera celle du No. 2. sur le *Glacis*, quand on aura passé l'Avant-Fossé, & qu'on se sera rendu maître du *Chemin-couvert*.

Je ne dis pas, qu'on pourra facilement poster ces Contre-Bateries, mais seulement, que quand elles seront postées aux endroits marqués, celle qui est postée sur le Glacis, peut batre en Front le Flanc du *Bastion* S. & celle dans la Campagne peut le croiser en Flanc, & faire la Bréche dans la Face du *Bastion* P. en même tems avec la même Baterie, comme on le voit marqué sur *Plan*.

Le Flanc du *Bastion* S. démonté, la Bréche faite dans le *Bastion* P. & le Fossé comblé, si les Assiégés vouloient obtenir une bonne Capitulation, ils seroient obligés de demander à tems à capituler, comme cela se pratique à présent; car s'ils attendoient un Assaut, & que les Assiégeans vinsent à em-porter ledit *Bastion*, il seroit à craindre pour les Assiégés, qu'ils se trouvas-sent réduits à se rendre prisonniers de Guerre; Mais on sçait assez, que dans le tems, où nous sommes, on ne laisse pas aller les choses jusqu'à cette ex-trémité; & comme il n'y a point de Flancs au Corps de cette Place-ci, ce seroit avec raison que des Assiégés prendroient de bonne heure leurs précau-tions.

Je répete encore une fois, que cet Ingenieur à fort judicieusement pour-vû à défendre les Ouvrages par les côtés, en postant des Bateries sur le Corps de la Place; quoiqu'on n'attaque gueres des Ouvrages du côté de l'eau. Cependant nous en avons eu l'expérience à *Venloo* & à *Bonn*. où le Général *Coehorn* a très-bien réussi, parce que ces Places étoient très-mal flanquées, l'une du côté de la *Meuse*, l'autre du côté du *Rhyn*.

Il est donc nécessaire, qu'un Ingenieur prenne toutes les précautions ima-ginables, qu'il ne néglige quoique ce soit, d'où les Assiégeans pourroient tirer quelque avantage, & qu'il suive la Maxime incontestable, qui est, pour ainsi dire, le principe des Règles de la Fortification, sçavoir, qu'on ne doit laisser à une Place aucun endroit, qui ne soit bien flanqué, & qu'on doit de bonne heure pourvoir généralement à tout ce qui peut contribuer à la défense d'une Place, afin de ne se trouver jamais obligé de regretter d'a-voir négligé quelque chose à cet égard, comme nous l'avons effectivement vû arriver dans des occasions, où il ne pouvoit y avoir du remede.

EX.

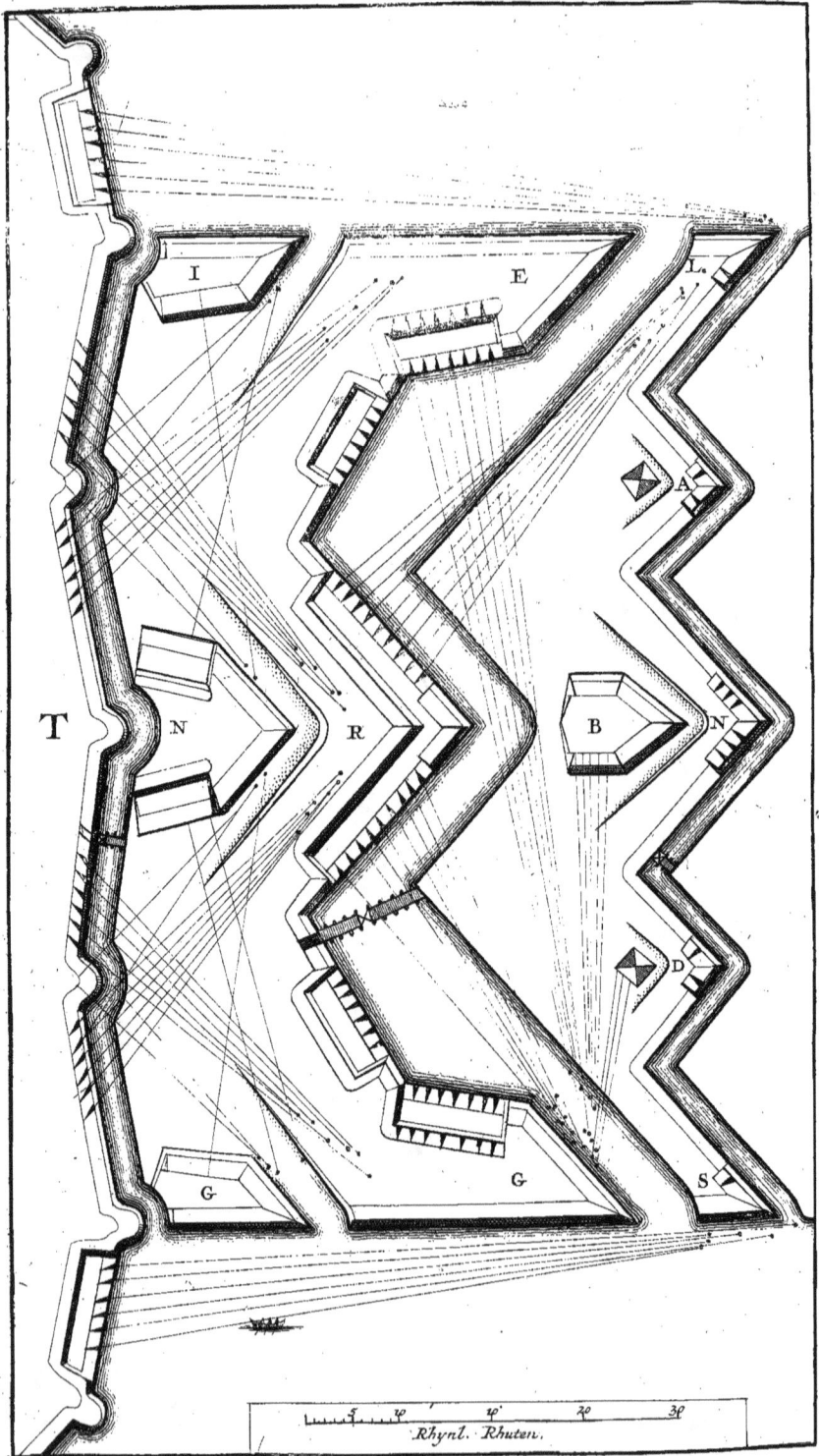

I · E · L · A · T · N · R · B · N · D · G · G · S ·

Rhynl. Rhuten.

EXPLICATION DU *PLAN*

T.

APrès avoir remarqué, qu'il se rencontroit quelques manquemens au *Plan* précédent, je vais présentement montrer dans celui-ci la manière, dont ils pourroient être réparés. Il n'est pas bien séant de trouver à redire à un Ouvrage, si l'on n'est pas en état de faire mieux, & d'en proposer les moyens.

Je voudrois donc, en premier lieu, tracer le *Chemin-couvert* sans *Traverses*, comme dans le *Plan* précédent; mais au-lieu d'un *Glacis*, je voudrois y avoir un bon *Parapet*, large de vingt ou vingt-quatre pieds sur la Couronne, avec des *Bonnets* sur les Angles Saillans contre les enfilades, & au devant un Fossé de la même largeur que celle de l'autre *Plan*, ou plus ou moins large, suivant que le Terrain le pourra permettre, & la dépense que le Souverain voudra y faire.

Ce *Chemin-couvert* est, à mon avis, préférable à celui du premier *Plan*, en ce qu'on pourra y faire valoir l'Artillerie, pour razer & batre la Campagne, & par conséquent beaucoup mieux incommoder les Assiégeans dans leurs Bateries & logemens avec le Canon posté horizontalement dans ce *Chemin-couvert*, qu'avec celui qui seroit posté sur les Faces de l'Ouvrage capital, qui sont de cent pas plus éloignées des Assiegeans, que ce nouveau *Chemin-couvert*.

J'ai placé dans chaque Angle du *Chemin-couvert* des *Redoutes*, marquées A & D. On pourra les faire de maçonnerie, ou seulement avec des Madriers crénelés, comme nous avons quelque fois trouvé dans des Siéges que les Assiégés en avoient construits dans les Places-d'Armes. Et dans l'Angle N. j'ai placé un petit Ouvrage ou *Bastion* détaché avec des Flancs, qui est marqué B.

Sur-quoi l'on remarquera, que si les Assiégeans prétendoient mépriser, ou négliger de prendre la petite *Redoute* D. & le petit *Bastion* détaché B. ils en seroient vûs à dos, lorsqu'ils voudroient combler le grand Fossé, & donner l'Assaut; de sorte qu'ils se trouveroient exposés à quatre feux, qui défendroient la Bréche.

On jugera facilement, que les Assiégeans auroient beaucoup de peine à prendre ce petit *Bastion* B. étant défendu de la *Courtine* avec hauts & bas flancs, qui me paroissent une défense meilleure que celle de la Face du *Bastion* dans le *Plan* S. qui doit défendre la Face du *Ravelin*; car ce flanc bas ne pourra être vû des Assiégeans, que lorsqu'ils seront entrés dans le *Chemin-couvert*. Il en est de même des bas flancs qui sont aux *Bastions* du Corps de la Place.

On pourra, en second lieu, disposer l'Ouvrage capital de maniere que deux *Bastions* pourront défendre le troisiéme en front, comme on peut voir sur le *Plan*, que le *Bastion* R. peut donner dans la Bréche à la face du *Bastion* G. avec de la Mousquetterie, & le *Bastion* E. y peut donner avec du Canon posté sur les flancs.

Si le *Bastion* capital du milieu, marqué R. n'a pas la forme en usage selon la Méthode ordinaire, on doit faire attention, qu'outre qu'il est aisé de l'y ajuster, si on le veut, je m'attache seulement à donner une bonne défense aux Ouvrages, c'est-à-dire, d'y avoir de bons Flancs,

N afin

afin qu'un Commandant puisse y poster du monde avec la Mousquetterie
& le Canon, pour les opposer aux Ennemis, & faire une vigoureuse
résistance.

En troisiéme lieu, on pourra placer trois Ouvrages détachés du Corps
de la Place, marqués I. N. & G. lesquels pourront avec le Rampart
capital être considerés comme une arriere-garde, & donner le moyen de
défendre hardiment la Bréche dans la Face du demi-*Bastion* G. On aura
de la Mousquetterie sur les hauts & bas flancs du *Bastion* R. & du Canon sur les hauts & bas flancs du demi *Bastion* E. Tout cela me paroît
d'une si bonne défense, que suivant ce que j'ai vû dans une vingtaine de
Siéges, je pourrois bien dire, qu'il n'est pas possible de la démonter entiérement, à moins qu'on ne découvre une autre maniere d'employer le Canon dans les Attaques des Places, pour démonter celui des Assiégés. C'est
ce que je ne me vante pas d'avoir trouvé; mais bien, que quand on veut
démonter une Baterie, il est nécessaire de lui en opposer une plus forte.

Posons cependant, que d'une ou d'autre maniere les Assiégeans puissent venir à bout de forcer les Assiégés dans leurs postes, & emporter la Bréche dans la face du demi *Bastion* G. ils seroient obligés de
former une troisiéme attaque contre lesdits Ouvrages détachés I. N. &
G. où ils rencontreroient encore une extrême peine par la maniere
dont ils peuvent être défendus; un Ouvrage n'étant pas seulement soutenu par l'autre, mais encore il y a toûjours une Baterie, qu'on peut
poster sur le Corps de la Place, qu'on appelle un second feu. Et quoique le Canon, qui sera posté sur lesdites Bateries, doive tirer obliquement, il ne laissera pas d'être d'un grand secours dans l'occasion. On en
a vû l'effet à des Places très-importantes, où le Canon étoit posté de
la même maniere.

J'ose donc m'assûrer, que ceux qui entendent l'attaque & la défense des
Places, & qui auront examiné l'une & l'autre Méthode, conviendront avec
moi, que le *Chemin-couvert* du *Plan* T. est d'une meilleure défense exterieu-
re, que celui du Plan S. & que l'entrée dans ce *Chemin-couvert* est beaucoup mieux disputée dans T. que dans S. ce qui est d'une derniere importance.

La Bréche dans le *Bastion* du *Plan* S. n'est défenduë, que du *Bastion* P. ce n'est qu'un feu. La Bréche dans le *Bastion* G. du *Plan*
T. est défenduë par le *Bastion* R. & par le *Bastion* E. ce sont deux
feux, par conséquent le double de l'autre, d'autant que les Flancs sont
d'une même grandeur, & égaux dans tous les deux. Je puis ajoûter,
que dans le *Plan* T. les Assiégés pourront toûjours obtenir une bonne
Capitulation, à cause des Ouvrages I. N. & G. quand même les Assiégeans auroient emporté les Ouvrages Capitaux E. R. & G. & qu'ils
s'y feroient logés.

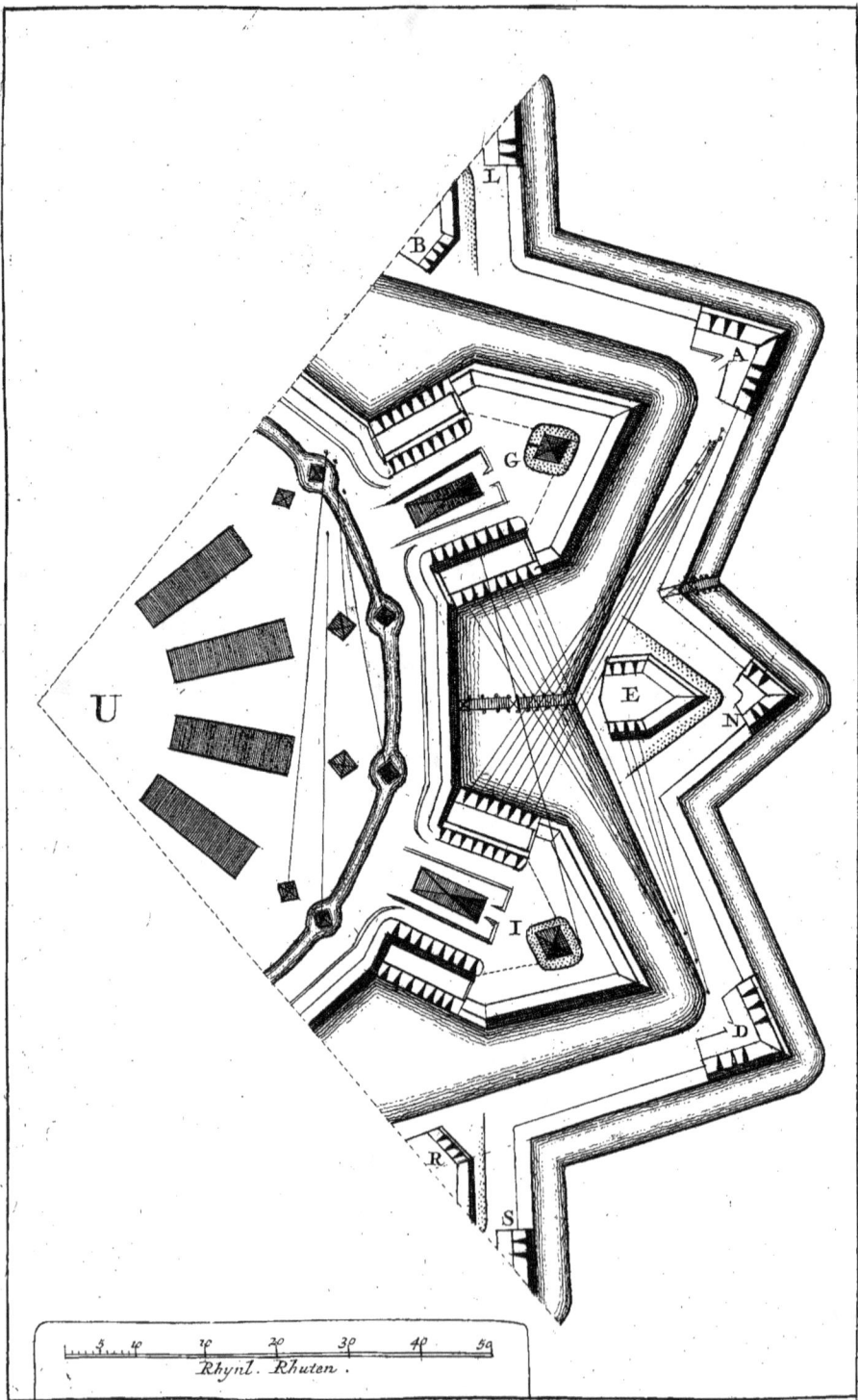

B

L

A

G

U

E

N

I

D

R

S

Rhynl. Rhuten.

EXPLICATION DU *PLAN*

U.

JE donne ici deux *Poligones*, c'eft-à-dire, deux *Baftions* complêts d'un *Eptagone* régulier, marqué par la Lettre U. où je fais voir, comment on pourra conftruire une Fortereffe fans Ouvrages détachés. J'ai formé cette idée à l'occafion d'une Place qui a un *Chemin-couvert*, à peu près comme celui-ci, fans *Traverfes*, ni *Palliffades*, ni *Glacis*, mais feulement un *Parapet* de vingt pieds de large fur la Couronne, entouré d'un Foffé de douze verges, païs du *Rhyn*, de largeur, qui font à peu près vingt-quatre toifes de *France*, & à peu près vingt-quatre *paffi* de *Venife* : ledit Foffé eft par-tout rempli d'eau.

Je trouve le *Chemin-couvert* de cette Méthode incomparablement meilleur, que ceux qui ont des *Traverfes*, & un *Glacis*. J'en ai affez dit mon fentiment en divers endroits. Le *Chemin-couvert*, dont je parle préfentement, n'eft pas régulier par-tout. C'eft en quoi je crois que l'Auteur a manqué, parce que je trouve qu'il l'auroit pû faire; & encore à préfent il feroit facile de l'ajufter d'une maniere, que fans une groffe dépenfe, il feroit prefque entiérement régulier.

Pour ce qui eft du Rampart de cette Place, il eft tout-à-fait irrégulier: Il y a cinq efpeces de *Baftions*, & un vieux Château, qui occupe la Place d'un Sixiéme : Il y a outre cela trois *Ravelins*; mais le tout eft fi mal placé, que des Affiégeans pourroient fe loger en plufieurs endroits du *Chemin-couvert*, fans être vûs ni du Corps de la Place, ni des *Ravelins*, & par conféquent, fans être expofés, ni à la Moufquetterie, ni au Canon des Affiégés.

Or eft il, que, fuivant la véritable Méthode de fortifier, & ce qu'en ont écrit *Speckle*, *Marchi*, *Melder*, *Freitag* & autres célébres Ingenieurs, dont quelques-uns ont vécu il y a plus de cent ans, il ne doit refter aucun endroit du *Chemin-couvert*, qui ne foit vû du Corps de la Place, & n'en foit défendu par l'Artillerie & la Moufquetterie, c'eft donc une grande faute, que le *Chemin-couvert*, dont je parle, ne foit pas flanqué, comme il eft néceffaire qu'il le foit, d'autant plus qu'on voit à préfent, que quand les Affiégeans font maîtres du *Chemin-couvert*, la Garnifon ne demande autre chofe, qu'à faire une Capitulation honorable.

Je ne nomme point la Place, je dirai feulement, qu'autrefois une fameufe Riviere y a paffé, & que la fituation en eft très-avantageufe, ayant une belle Campagne tout au-tour, avec de bonne eau douce dans le Foffé de la Ville. Mais je dois dire, que, quoique le Rampart capital, avec les *Ravelins* ne fourniffent pas une bonne défenfe, ils fe trouvent néanmoins, comme par hazard fi bien placés, qu'en y faifant quelque changement, & en ajoutant le *Ravelin* au Corps de la Place, pour en faire un *Baftion*, elle en auroit alors fept, & la défenfe pourroit être femblable à celle, qu'on voit ici aux *Baftions* du *Plan* U. Il y auroit pour le moins fix pieces de Canon fur le bas Flanc, & fix fur le haut, qui pourroient flanquer dans le *Chemin-couvert*, pour empêcher les Affiégeans d'y faire un logement.

La dépenfe n'en feroit que médiocre, & la défenfe en deviendroit très-bonne, étant très-certain, qu'il ne fuffit pas qu'un *Chemin-couvert* ait tou-

les

tes les qualités pour la défenſe extérieure, il eſt encore abſolument néceſſaire, que le Corps de la Place, puiſſe flanquer dedans avec des Bateries cachées, & poſtées horizontalement, autant qu'il eſt poſſible, pour
diſputer le terrain aux Aſſiégeans, & les empêcher d'y faire & perfectionner un logement; ce qui ne ſe peut exécuter à coups de Mouſquet,
mais bien à bons coups de Canon.

Si l'on s'étonnoit de ce que je parois ſi fort porté pour la défenſe du Canon, je ne ferai point difficulté de ſoûtenir, qu'une Garniſon, quelque
nombreuſe, & compoſée de gens choiſis qu'elle puiſſe être, ne ſera jamais en état avec le Mouſquet ſeul, d'empêcher les Aſſiégeans
d'entrer dans le *Chemin-couvert*, & d'y perfectionner un logement, bien
moins encore de le renverſer, lorſqu'il ſeroit une fois perfectionné; mais
je ſçai parfaitement par une aſſez longue expérience, qu'on le peut à
coups de Canon. C'eſt auſſi pour cela, que j'oſe me flatter, que des Lecteurs, & ſur tout les gens de guerre, curieux de s'informer, comment on
doit attaquer & défendre une Place, prendront plaiſir à voir mon ſentiment,
& les raiſons ſur leſquelles il eſt appuyé.

En differentes occaſions, où j'ai eu l'honneur de parler à Meſſieurs les
Généraux, j'ai remarqué, que ceux qui entendent la Fortification ordinaire, ſont de ſentiment, qu'il ne faudroit que peu de Maiſons dans
une Forterseſſe ſur des Frontieres. Pourvû, diſoient-ils, qu'il y eût une
centaine de Bourgeois, & que la Garniſon y eût des *Caſernes*, cela ſuffit.
C'eſt un deſavantage, qu'une Place ſoit grande. Lorſque les Ennemis
voyent qu'ils ne peuvent la prendre de vive force, ils la bloquent, pour
l'affamer. Nous avons vû des Places contraintes à ſe rendre de cette
maniere, aprés avoir ſoûtenu & repouſſé les plus puiſſans efforts d'une
Armée. La Famine étant donc une derniere reſſource, que des Aſſiégeans peuvent employer, pour ſe rendre maîtres d'une Place, il faut que
des Aſſiégés ſoient ſuffiſamment pourvûs de vivres, & qu'en même tems ils
ſoient déchargés des bouches inutiles.

Et certainement pour aller droit & conformement au véritable interêt
des Souverains, il me ſemble qu'on deyroit leur repréſenter que les petites Forterſeſſes ſont préférables aux grandes, ſur-tout pour couvrir une
Frontiere. La droite raiſon le veut ainſi. Ce n'eſt pas qu'on doive mé-
priſer les Grandes Villes, car ce ſont elles qui peuvent fournir à la ſubſiſtan-
ce des Armées, & il convient auſſi pour cela-même qu'elles ſoient couvertes par des petites Forterſeſſes, de maniere que les Ennemis ſoyent néceſſairement obligés de les Aſſiéger, & de les prendre, avant que de pouvoir Bloquer les Grandes Villes.

J'ai donné le *Plan* marqué U. en ſuppoſant, qu'on voudroit avoir une
Forterſeſſe ſur un Terrain borné, où l'on ne pourroit pas placer des Ouvrages détachés; & j'ai montré, comment on pourroit conſtruire un *Che-*
min-couvert, ſans *Traverſes* & ſans *Glacis*, avec une défenſe intérieure,
pour le garantir des ſurpriſes, & mettre la Garniſon à couvert contre
un Bombardement.

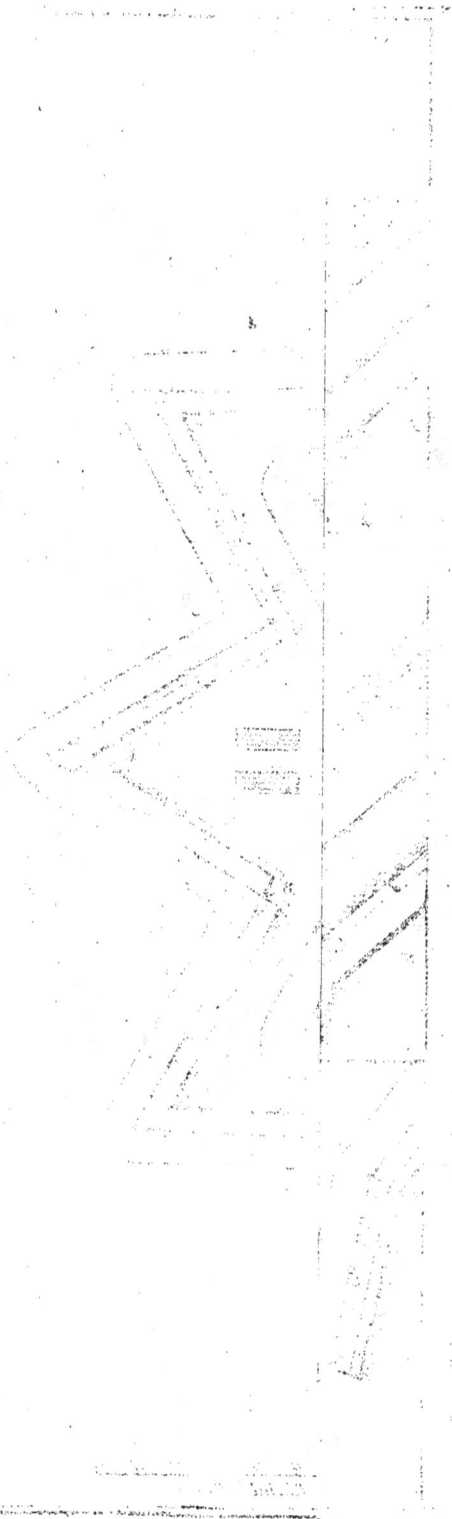

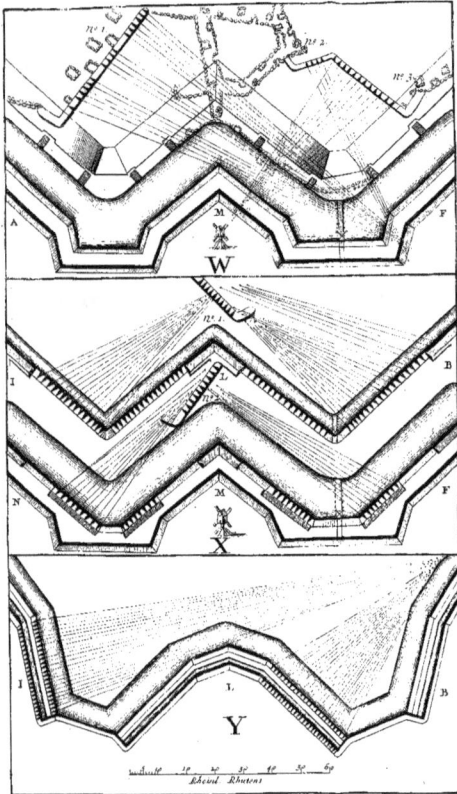

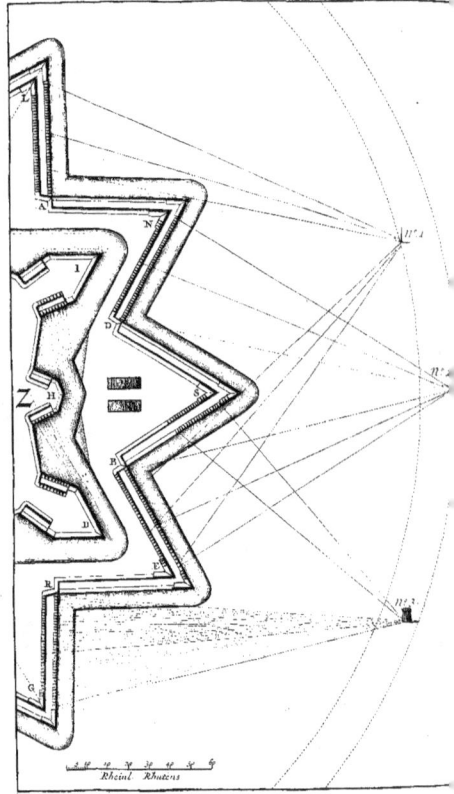

Rheinl. Rhutens

Rheinl. Rhutens

EXPLICATION DU *PLAN*

W.

Ayant paffé en un voyage, dans une Ville des plus renommées de l'*Europe* pour fa belle fituation & fon grand Commerce par Terre & par Mer, il m'arriva pendant mon féjour d'avoir la connoiffance d'un Général des Armées du Roi de D. qui me faifoit quelque fois l'honneur de raifonner avec moi touchant la *Fortification*. Par fon moyen j'eus accès auprès d'un Sénateur, qui fçachant, que j'étois Ingenieur, me demanda, fi j'avois vû les Fortifications de la Ville, & me fit l'honneur de me dire, que je lui ferois plaifir de lui en faire connoitre mon fentiment.

Cette honêteté me fit prendre la liberté de lui demander auffi, s'il y avoit une bonne Artillerie dans la Place? Il me fit voir l'Arfenal, qui étoit très-bien garni avec abondance de toutes fortes des Munitions de Guerre. Il me dit qu'il y avoit plus de cinquante pieces de Canon de Bronze, & qu'ils pourroient en avoir un plus grand nombre, s'ils vouloient, maïs il ajoûta, que le Commandant s'étoit plaint, que le *Rampart* n'étoit pas conftruit de maniere à pouvoir s'en fervir avec avantage dans l'occafion.

Le Commandant ayant encore fait des plaintes, de ce qu'il n'y avoit point d'Ouvrages détachés, ni feulement un bon *Chemin-couvert*, la Régence s'étoit réfoluë d'y pourvoir, & comme elle n'avoit point d'Ingenieurs expérimentés à la guerre ni aux Fortifications, elle en avoit fait demander à une Puiffance, qui lui en avoit envoyé un. Cet Ingenieur, après avoir examiné la Place, avoit formé le Projet, pour faire un *Chemin-couvert* avec des *Traverfes*, des *Places d'Armes*, & un *Glacis*, qui s'étendoit vers la Campagne.

Le Projet donné, la Régence avoit auffi-tôt fait mettre la main à l'oeuvre; mais le Commandant & les Ingenieurs ordinaires n'avoient pas trouvé, que ce *Chemin-couvert* pût être d'une bonne défenfe, voyant que le grand *Glacis* donneroit occafion à l'Ennemi de s'y loger, & d'approcher commodement, à caufe de la terre qu'on y auroit portée, & que ces *Traverfes* formoient des monceaux de terre, qui ferviroient juftement à l'Ennémi, pour fe loger derriere. Cet inconvenient, qui avoit été jugé capital pour une Fortification, avoit fait ceffer le travail. Le *Plan* W. ci-joint, repréfente deux *Poligones* de ce *Chemin-couvert*, qui fuffiront, pour donner l'idée entiere de ce *Projet*.

Voici donc deux *Poligones* qui font à la Porte de S. A. fortifiés à la maniere antique avec un Rampart capital fort haut élevé, une *Fauffe-braye* tout à l'entour, & un bon Foffé, qui l'environne. Le *Chemin-couvert* eft celui en queftion, projetté avec des *Traverfes*, des *Places-d'Armes*, & un grand *Glacis*, qui s'étend dans la Campagne.

On fçait que d'abord qu'une Place eft Affiégée, on la compte ordinairement comme perduë, fur-tout lorfqu'il n'y a point de fecours à efperer. En effet la maniere d'attaquer qui eft à préfent en ufage, à laquelle on employe les plus grands efforts de l'Artillerie, eft fi vive, & fi puiffante, qu'on a bien-tôt obligé les Habitans à fe rendre, s'ils veulent avoir leurs vies & leurs biens faufs. Mais comme chacun ne connoît pas la raifon, pourquoi cela arrive quelque fois avec fi grande facilité, & en fi peu de tems, j'ai crû à propos de la faire ici remarquer en peu de mots.

O Les

Les Forterefles font quelque fois fi promptement emportées, qu'on en eft furpris, jufqu'à foupçonner même les Commandans d'intelligence avec les Ennemis ; quoique pourtant ils ayent agi de leur mieux , pour fe défendre en gens d'honneur , & qu'ils ayent été forcés de fe rendre. Pour en donner une Démonftration, & faire mieux voir , comment cela fe fait , j'ai joint fur le *Plan* W. une Attaque, qui fera facilement comprendre la Démonftration, à ceux qui entendent un peu ce que c'eft, que d'attaquer & défendre une Place, & la force de l'Artillerie.

Les plus grandes difficultés, qui fe rencontrent dans les Siéges, font entr'autres, premierement, à drefler les Bateries, pour démonter les défenfes, & faire Bréche; fecondement, à prendre pofte dans le *Chemin-couvert*; & troifiémement, à faire les *Ponts* ou *Galeries* fur les Foflés. Afin donc de montrer fenfiblement, comment cela fe pratique, & les endroits, où fe font les attaques, je les ai marquées fur le *Plan*. On voit au N°. 1. où l'on peut drefler une Baterie pour démonter le Flanc du *Baftion* F. de même que la feconde au N°. 2. Une troifiéme, marquée N°. 3. fait voir par les traits, qui font tirés, l'endroit pour faire la Bréche dans le *Baftion* M.

Les Bateries dreffées, les Flancs démontés , & la Bréche faite, les Afliégeans peuvent alors prendre pofte dans le *Chemin-couvert* , devant l'Angle faillant du *Baftion* M. à quoi les *Traverfes* leur font d'un grand fecours, en leur fervant d'épaulemens, les Afliégés, ne pouvant l'empêcher.

Les Afliégeans peuvent aufli en même tems commencer à jetter les *Ponts* devant la Face dudit *Baftion*, comme il eft marqué à l'endroit où la Bréche fera faite; après quoi ils fe préparent à donner l'Aflaut général, fi les Afliégés font d'humeur à attendre cette extrémité; ce qui n'eft plus gueres d'ufage à préfent. Et ils ont grande raifon, lors qu'ils ne font point en état de faire tête à l'Ennemi, ni de l'attendre de pied ferme; car à la force il faut céder.

Je trouve trois raifons principales , pour lefquelles des Afliégés font aujourd'hui contraints de céder, & de rendre en fi peu de tems les Forterefles aux Afliégeans. La premiere eft , que le Rampart eft trop haut élevé; la feconde , que la *Faufie-braye* ne couvre pas le Rampart, comme elle le pourroit, & le devroit; la troifiéme , que le *Chemin-couvert* ne couvre pas la *Faufie braye*, comme aufli il le pourroit, & le devroit. De forte que vis à vis des Bateries N°. 1. & N°. 2. tout eft ouvert, pour voir & abbatre le Flanc du *Baftion* F. & de celle du N°. 3. pour faire la Bréche dans le *Baftion* M. comme il eft facile de le voir fur le *Plan*, où l'on doit particulierement remarquer , que les Afliégeans peuvent faire toutes ces opérations , fans être obligés de changer leurs Bateries.

Tout étant donc ouvert aux Bateries des Afliégeans, il leur eft facile d'abbatre les défenfes, & de faire Bréche; & d'ailleurs, plus le Rampart eft haut, plus le Canon peut y faire fon effet. De-la vient que des Afliégés ne pouvant plus fe tenir derriere le *Parapet* tout percé, font contraints de l'abandonner, & de fe rendre. Ce font-là en abregé les raifons, pour lefquelles on voit aujourd'hui que des Forterefles , qui ont coûté plufieurs cent mille écus, & quelque fois plufieurs millions, font emportées & renduës en peu de tems.

EX-

EXPLICATION DU *PLAN*

X.

VOici préfentement les deux mêmes *Poligones* qui font à la Porte de S. A. où je montre, comment on pourroit y faire un *Chemin-couvert* fans *Glacis*, mais feulement avec un *Parapet* de vingt ou vingt-quatre pieds fur la Couronne, entouré d'un Foffé fec, ou plein d'eau, comme on le voudra, puisque le Terrain permet l'un & l'autre ; ce qui formera alors une efpece de Rampart, qui pourra couvrir la *Fauffe-braye*, & lui fervir de *Contregarde* ; en forte que l'Ennemi ne pourra la voir, avant qu'il foit entré dans ce *Chemin-couvert*, & qu'il y ait fait dreffer fes Bateries.

On remarquera, que j'ai fait un petit changement à la *Fauffe-braye*, où je voudrois alors pofter une dixaine de pieces de Canon de fix ou de huit livres de balle, pour flanquer dans le *Chemin-couvert*, & faire élever un *Bonnet* à chaque angle, pour couvrir ces Bateries. Cette défenfe a l'avantage de pouvoir faire attendre de pied ferme les Ennemis dans le *Chemin-couvert*, & les empêcher d'y faire un logement.

Suivant donc la Méthode que je donne ici, la Ville feroit non feulement en état de réfifter aux efforts des Affiégeans, mais encore de les tenir éloignés. Il n'y a qu'un Bombardement, qui feroit à appréhender, mais à l'égard duquel on pourroit néanmoins prendre des précautions dans la Ville, fi les Bourgeois étoient difpofés à vouloir bien travailler pour leurs propres interêts. Je ne toucherai que ce qui regarde les Attaques, & je dis, qu'il feroit facile d'arrêter les efforts des Ennemis, fi le Senat vouloit faire la dépenfe de faire creufer un Avant-Foffé au-tour du *Chemin-couvert*, comme je l'ai marqué ; qu'il foit fec, ou plein d'eau, cela eft indifferent, quoique j'eftime le dernier meilleur, lorfqu'on ne veut point faire de forties ; ce qui ne convient gueres à des Bourgeois peu entendus dans l'Art de la guerre, & qui doivent toûjours s'attendre à perdre contre des gens expérimentés dans le métier.

Avec un Foffé & un bon *Parapet* de vingt-quatre pieds fur la Couronne, pour couvrir ce *Chemin-couvert*, & pouvoir y pofter du Canon, comme je l'ai montré fur le *Plan* X, on feroit toûjours, par le moyen de ces Bateries horizontalement poftées, en état de renverfer celles des Ennemis, & même de s'oppofer à ce qu'ils puffent les dreffer. Car fuppofé que les Affiégeans vouluffent dreffer la Baterie N°. 1. fuivant ledit *Plan*, il faudroit premiere-ment, qu'elle pût faire un bon effet, d'autant qu'étant éloignée, elle ne peut avoir affez de force, & l'on peut voir, que ceux de la Place auront toûjours à leur oppofer deux Faces du *Chemin-couvert*, qui font près de quarante pieces de Canon. Si les Ennemis reculent davantage ladite Baterie, ceux de la Place auront encore à leur fecours la Face d'un autre *Poligone*, avec fon Artillerie, comme il fe pourroit voir fur le *Plan*, s'il étoit tout entier.

On pourroit outre cela, avoir des Bateries fur le Rampart capital, où feroient poftées les plus groffes pieces de Canon. Ce Rampart étant fort haut élevé, les coups pourroient facilement paffer par deffus le Parapet du *Chemin-couvert*. En mettant donc du Canon fur les Faces des *Baftions* & fur les *Courtines*, on pourroit avoir plus de cent pieces contre une Baterie

des

des Ennemis. Je laiffe préfentement à juger à toute perfonne intelligente, comment les Affiégeans pourroient s'y prendre, pour mettre leur Baterie à fa perfection. Et quand bien même elle y feroit mife, les Affiégés ne feroient-ils pas en état de la renverfer de fond en comble, autant de fois qu'ils le voudroient?

Si cependant la Ville, pour des raifons, qu'elle pourroit avoir, & qu'on ne prévoit pas, ne vouloit pas faire de Foffé autour du *Chemin-couvert*, en ce cas-là, on pourroit lui confeiller d'en faire feulement creufer un au devant du *Bonnet*, que j'ai marqué à l'Angle faillant dudit *Chemin-couvert*, un peu plus grand que celui, qui y eft marqué. Il fervira en quelque maniere de *Contregarde*, pour empêcher, que la Contre-Baterie N°. 1. au *Plan* W. ne puiffe de la Campagne découvrir le Flanc de la *Fauffe-braye* du *Baftion* F. dans le *Plan* X. Je puis dire avec affûrance, que l'expérience m'a fait connoître, que c'eft de cette maniere, qu'on pourroit extrémement embaraffer des Affiégeans. Car par ce moyen on les obligeroit d'entrer dans le *Chemin-couvert*, pour y dreffer la Baterie N°. 2. marquée dans l'Angle L. au *Plan* X. Je laiffe à juger aux perfonnes entenduës, fi cette Baterie pourroit facilement être perfectionnée.

Je pourrois par l'expérience, que j'en ai, foûtenir, qu'il ne fera pas poffible aux Affiégeans d'entrer dans ce *Chemin-couvert*, & d'y dreffer cette Contre-Baterie, fans avoir auparavant démonté le Flanc de la *Fauffe-braye* du *Baftion* F. comme auffi celui du *Baftion* N. ; autrement on peut voir par les lignes tirées, comment elle feroit accommodée de l'une en Front, & de l'autre en Flanc & à dos. On fe trompèroit certainement bien fort, & l'on feroit voir qu'on n'auroit ni aidé à faire, ni vû dreffer une Baterie dans un Siége, fi l'on prétendoit, que celle, dont il s'agit, pourra être dréffée.

Les Affiégeans feroient donc obligés de rafer & d'emporter ce *Bonnet*, ou efpece de *Contregarde*, ou de combler fon Foffé, afin d'y faire le lit pour une Contre-Baterie. Ceux qui fçavent, comment une Baterie doit être faite, pour produire l'effet qu'on doit en attendre, jugeront, fi des Affiégeans pourroient venir à bout d'exécuter celle-ci. J'ai quelque fois été préfent, lors qu'on demandoit à ceux qui doivent dreffer les Bateries dans les Siéges, s'il n'y auroit pas moyen d'en pofter une en certains endroits qu'on leur montroit. Ils répondoient, que cela ne fe pouvoit abfolument pas, & ils en donnoient des raifons tout-à-fait juftes & folides. Ce feroit donc bien autre chofe ici, & ils rencontreroient de beaucoup plus grandes difficultés pour une pareille exécution.

Enfin voilà la maniere dont je voudrois employer l'Artillerie dans la défenfe d'une Place, & c'eft ainfi que je trouve, que les Ingenieurs *Speckle*, *Pagan*, *Rimpler* & *Coehorn*, nous en ont donné des idées. C'eft donc à ceux qui les ont étudiées, & qui veulent bien fervir leurs Princes, à les mettre en pratique.

EX-

EXPLICATION DU *PLAN*

Y.

CE *Plan* eſt un grand *Poligone* d'un *Retranchement*. J'en ai déja donné un au *Plan*. G. mais on verra encore mieux dans celui-ci, comment on y pourra faire un double Flanc, & s'en ſervir, pour occuper le front d'une langue de terre devant une grande Place, ſituée entre deux Rivieres, ou Marais, comme quelque fois il ſe rencontre de grandes Villes, qui d'ailleurs ſont paſſablement fortes par leur ſituation, à l'exception d'une langue de terre, qui s'y trouve jointe, & où les Ouvrages *à Corne, Couronnes, Baſtions* détachés, & autres n'y ſeroient point d'une auſſi bonne défenſe.

Je pourrois nommer pluſieurs grandes Villes, où cette ſorte de Fortification ſeroit fort à propos; mais outre que mon deſſein n'eſt que de donner en général les idées d'une nouvelle Méthode pour défendre les Places, laquelle me paroît incomparablement plus utile que celle qui eſt ordinairement en uſage, il eſt évident qu'un même Projet ne peut pas convenir au juſte à pluſieurs differentes Places. Toutes ne doivent pas être également fortifiées, ni d'une même maniere. A un endroit il faut un Ouvrage placé de certaine maniere: un autre endroit en demande un d'une autre ſorte pour la figure, & pour la conſtruction. C'eſt ſuivant le Terrain & la ſituation qu'un Ingenieur doit ſe régler.

On ne manquera pas de dire, qu'à préſent l'on ſe rend maître de tout, foible ou fort Chacun eſt même ſurpris de voir des Forterreſſes, qui étoient crûës imprénables, emportées, ou renduës avec tant de facilité, & ſi peu de réſiſtance. J'en ai fait voir la raiſon en partie, & je répete encore, que le plus grand défaut vient de ce que les Ouvrages de Fortification, quelque force qu'ils puiſſent avoir chacun en particulier, ne ſont pas diſpoſés à pouvoir réciproquement ſe défendre les uns les autres, comme cela ſeroit abſolument néceſſaire.

J'ai vû une Place très-renommée, qui, ſans la nommer, eſt effectivement le Boulevart de tout l'Etat d'un Prince. La Ville eſt paſſablement forte de tous côtés, à la réſerve d'une langue de terre. On y a projetté un Ouvrage *à Corne* : il ſera petit : les Flancs pourront avoir environ dix à douze toiſes : on pourra y poſter une vingtaine d'hommes, ou bien trois ou quatre pieces de Canon. Le Flanc abbatu, il n'y a plus de défenſe; le Flanc, comme l'on ſçait, étant la force & la défenſe d'un Ouvrage. Le reſte de l'Artillerie poſté à droit & à gauche dans les Ouvrages de la Forterreſſe, ne fait rien à la défenſe du Front dudit Ouvrage *à Corne*; de ſorte que de cent, & quelque fois cent cinquante pieces de Canon, comme je l'ai vû, on peut ſeulement en employer trois ou quatre pour la véritable défenſe de la Place. Je m'aſſure qu'il n'y aura perſonne, qui ne convienne avec moi, qu'une telle défenſe n'eſt nullement proportionnée à une Attaque, comme on les fait à préſent.

Ayant eu occaſion de tirer le *Plan* de ladite Place, j'ai trouvé, qu'en faiſant ſeulement une *Fléche* à ce Terrain, au-lieu de l'Ouvrage *à Corne*, le Foſſé, & chaque face de cette *Fléche* peuvent être flanquées de plus de trente pieces de Canon, avec des Mouſquettaires, qui pourroient très-bien être poſtés en divers endroits ſur le Rampart, ou dans les Ouvrages de la

P

Place,

Place, derriere un bon Parapet, qui y eſt déja, & qu'on pourra faire plus épais, autant qu'on le voudra. En ſorte qu'il ſe trouvera ſept ou huit fois plus de défenſe par cette *Fléche*, que l'Ouvrage *à Corne* ne pourroit en avoir. Et en même tems, il eſt certain que les Aſſiégeans trouvant huit fois plus de défenſe à démonter, ils ſeront obligés d'y employer plus de force & plus de tems à proportion, pour y réüſſir.

Suivant le *Plan* & le *Profil* de l'Ouvrage *à Corne*, j'eſtime, qu'il pourra coûter environ dix à douze mille écus : ce n'eſt point une groſſe ſomme en fait de Fortification : je l'avouë ; mais la *Fléche* n'en coûtera qu'environ deux mille, y compris les *Caſemattes*, pour y loger les deux tiers de ceux, qui y ſeroient pour la défenſe. C'eſt toûjours autant d'épargné, & un Prince, qui aime le ſolide & le ménagement de ſes deniers, ſe mettra peu en peine de la figure, qu'on donnera à un Ouvrage, pourvû que la défenſe en ſoit meilleure, & la dépenſe moins grande. Il n'eſt queſtion que de bien ſoûtenir un Poſte ; qu'on y employe une *Fléche*, un *Baſtion* détaché, un Ouvrage *à Corne*, ou à *Couronne*, cela eſt indifferent : celui-là ſera le meilleur, qui ſervira le mieux à faire tirer le Siége en longueur, pour donner aux Troupes le tems de s'aſſembler, & de venir au ſecours.

On doit encore ajoûter, qu'un Ouvrage *à Corne*, ou autre grand Ouvrage détaché, venant à être pris par les Aſſiégeans, ils y trouvent de la place ſuffiſamment, pour s'y loger, pour y poſter leur Contre-Baterie. C'eſt un fait d'expérience. Ils s'y établiſſent comme dans un Fort, dont ceux de la Place ne peuvent plus les déloger ; au-lieu qu'un petit Ouvrage, qui a la gorge ouverte, ne peut fournir aſſez de place, pour une Contre-Baterie ; & quand même il y en auroit ſuffiſamment pour quatre ou cinq pieces, ceux de la Place peuvent avec un plus grand nombre flanquer dedans, & les renverſer.

J'ai quelque-fois vû à des Fortereſſes des Ouvrages détachés ſi mal placés, qu'on en étoit ſurpris : ils tiroient ſeulement leur défenſe de l'Angle faillant du *Chemin-couvert*, où l'on peut tout au plus, poſter une demi-douzaine d'hommes avec leurs Fuzils. On aura peine à comprendre, qu'un homme de guerre puiſſe s'imaginer, que ſix ou dix hommes ſeroient capables & ſuffiſans, pour défendre un *Baſtion* détaché ; Ouvrage qui eſt quelque fois, ou qui devroit être la principale force de toute la Place, & toute la Garniſon reſteroit à regarder les bras croiſés, pendant que les ſix ou dix hommes ſe batroient. Je pourrois néanmoins rapporter nombre de ces ſortes d'Ouvrages, qui ſe rencontrent à des Fortereſſes, qui ſont tenuës pour très fortes, & qui ſont, pour ainſi dire, le Boulevart de pluſieurs Provinces d'un Etat très-puiſſant.

On pourroit bien dire, que c'eſt encore quelque choſe, lorſque les Ouvrages ſont flanqués & défendus par quelques Mouſquettaires, s'en rencontrant qui ne tirent point de défenſe, ni du Corps de la Place, ni d'aucun Ouvrage détaché. J'en ai effectivement vû, derriere une face deſquels tout un Eſcadron des Ennemis pouvoit ſe poſter, ſans que ceux de la Place puiſſent les voir & les découvrir ni du Rampart, ni des autres Ouvrages. Je l'ai fait remarquer, & l'on me répondit à cette occaſion, qu'il ne falloit pas s'étonner, ſi des Places ſe rendoient quelque fois en ſi peu de tems, puiſque les Ouvrages y étoient ſi mal diſpoſés pour être défendus, qu'il auroit mieux valu qu'ils euſſent été raſés, que d'avoir été conſervés.

EX-

EXPLICATION DU *PLAN*

Z.

POUr finir cet Ouvrage, j'ai crû à propos de donner ce dernier *Plan*, qui eſt un *Exagone*. Celui-ci & les précédens pourront être regardés comme une ſimple ſpéculation, ou comme trés-propres pour être exécutés, ſelon qu'ils pourroient être jugés utiles pour la défenſe des Places, & la ſûreté d'un Païs.

Si ce *Plan* étoit entier, il auroit ſix grands *Baſtions*, & ſix petits que j'appelle *Platte-formes* Ces *Platte-formes* ſeroient pour la Mouſquetterie, & les grands *Baſtions* pour le Canon. Je l'appelle *Exagone*, parce qu'avec ſix *Baſtions* on peut défendre la Place. Elle eſt entourée d'un double *Chemin-couvert*. Le prémier qui eſt vers la Campagne, ſera de ſix pieds de hauteur avec la Banquette au-deſſus de l'horizon : Le ſecond aura un *Terre-plein* de ſix pieds de hauteur avec un *Parapet* au-deſſus, comme à l'ordinaire, c'eſt-à-dire, de ſix pieds de hauteur avec la Banquette.

Les Foſſés, tant celui, qui entoure le Corps de la Place, que celui qui entoure le *Chemin-couvert*, peuvent être auſſi larges & auſſi profonds qu'on voudra. Je ne trouve point qu'il y ait de règle à ce ſujet, ſi non la quantité de terre qu'on en doit tirer, pour les Ouvrages. C'eſt ce qu'un Ingenieur peut facilement trouver.

Les Ouvrages étant ordonnés de la maniere ſuſdite, rien n'empêchera de poſter du Canon dans le premier & dans le ſecond *Chemin-couvert*; alors on trouvera, qu'en traçant deux Cercles de circonférence, comme il eſt marqué ſur le *Plan*, les Aſſiégeans ne pourroient pas planter un Piquet ſur un de ces Cercles, ni dans l'entre-deux, ni y poſter une piece de Cahon, que ceux de la Forterèſſe ne fuſſent en état de tirer deſſus avec cent pieces, & quelque fois avec plus, mais jamais avec moins.

J'eſpere qu'on conviendra facilement avec moi, que ſi un Homme de guerre commandoit dans une telle Place, il ne ſeroit pas poſſible à des Aſſiégeans d'y dreſſer une Baterie, & que s'ils en avoient dreſſé une, le Commandant pourroit avec plus de facilité la leur renverſer, qu'ils ne pourroient être en état de lui démonter ſes défenſes.

On dira peut-être que les Aſſiégeans pourroient poſter leurs Bateries plus éloignées de la Place; mais toute perſonne intelligente prévoira d'abord ma réponſe; ſçavoir, que s'ils prétendoient abbatre les défenſes, leurs Bateries ne pourroient être gueres plus éloignées; & ſuppoſé qu'elles le fuſſent, il eſt certain, & on verra ſenſiblement ſur le *Plan*, qu'autant que les Aſſiégeans pourront atteindre les défenſes des Aſſiégés, le Commandant pourra à plus forte raiſon atteindre leurs Bateries. Ainſi à quelque diſtance, qu'il leur arrive de les poſter, le Commandant aura toûjours ſur eux la ſuperiorité de force.

Quant à la défenſe, qu'un Commandant pourra faire au Corps de la Place, je ne crois pas qu'il ſoit beſoin que je m'explique davantage à ce ſujet. J'ai déja ſuffiſamment fait entendre dans les Diſcours précédens, que ſi, contre toute attente, les Ennemis venoient à emporter le *Chemin-couvert*, ou qu'on eût lieu de l'appréhender, en ce cas, le Commandant pourroit faire poſter du Canon ſur les grands *Baſtions*, & de la Mouſquet-

terie

terie fur les *Platte formes*, pour difputer aux Affiégeans l'entrée & le lo-
gemènt dans l'enveloppe ou fecond *Chemin-couvert*.

La conftruction du Corps de la Place doit être telle, qu'on la voit fur
le *Plan*; mais je ferois de fentiment, que les faces des *Baftions* fuffent
quatre ou cinq pieds plus hautes, que l'enveloppe, pour n'être point enfilées, ni vûës de revers, ou bien d'y faire des *Bonnets* & des *Traverfes*.
Alors il n'eft pas néceffaire, qu'elles foient plus hautes. Le tout dépen-
dra du jugement de l'Ingenieur. Les enfilades & les revers font fort à
craindre dans une Forterefle, mais lors qu'on fçait le mêtier, je trouve
qu'on en pourra conftruire une au pied d'une haute Montagne, fans craindre ni les unes, ni les autres. Les Ouvrages détachés H. L. & N. pro-
jettés au *Plan* I. à la Ville de *Cattaro*, en donneront une idée à ceux qui
voudront prendre la peine de l'examiner.

J'ai déja dit, & je le répete encore, que mon fentiment n'eft pas, qu'on
doive d'abord mettre ces fortes de Forterefles en pratique; mais fi on le
vouloit, j'ai fait voir, qu'on le peut; & fi la chofe étoit à ma difpofition,
je voudrois feulement y ajouter un *Chemin-couvert*, un fimple *Parapet*;
par exemple, le premier qui eft du côté de la Campagne. Alors je croi-
rois la Place affez forte; & ce que j'ai dit ci-deffus, n'a été, que pour faire
voir, qu'on pourroit effectivement pofter plus de Canon fur les Ouvrages
d'une Place, pour la défendre, que l'Ennemi en peut en pofter dans la
Campagne, pour l'attaquer. La Démonftration eft évidente & géométrique, puifque les deux côtés d'un Triangle font toûjours enfemble plus
grands que le troifiéme; & je fais voir, qu'on peut avoir une double Baterie dans la Place; au lieu que les Affiégeans ont affez à travailler, pour
en dreffer feulement une dans la Campagne.

Refte préfentement à faire remarquer, qu'une Place avec un fimple
Chemin-couvert ne pourra pas coûter beaucoup, avec un double elle coûtera davantage; mais cela doit être laiffé au choix & à la volonté des Souverains qui y ont le principal intérêt. Je pourrois cependant faire voir,
qu'elle ne coûtera pas plus que plufieurs Forterefles, que je connois. Je
me fouviens toûjours de ce que j'ai autrefois entendu dire à ce fujet à un
Seigneur de diftinction. Si les Critiques, difoit-il, n'ont point d'autre
chofe à critiquer, que les fraix & la quantité d'Artillerie, ce font les affaires du Prince, & non pas les leurs. Pourvû qu'on puiffe lui faire voir
qu'une Forterefle fera de bonne défenfe, & qu'on ne fera point obligé de
céder cent pieces de Canon à un Ennemi, en huit jours de tems, comme on l'a vû arriver plufieurs fois, le Prince a droit & pouvoir de dire,
Je veux que cela foit exécuté, & les Deniers publics ne peuvent être mieux
employés qu'à procurer la fûreté de l'Etat.

On peut approcher une Place sans perdre du monde, lorsqu'elle n'a que de la Mousquetterie pour sa défense.

CEtte Proposition paroîtra étrange à bien des gens, puisqu'en effet on a vû perir quantité de monde par la Mousquetterie dans les Siéges qui se sont faits pendant les dernieres Guerres ; en premier lieu sur le *Glacis*, en approchant de la Place, en second lieu dans le *Chemin-couvert*, en troisiéme lieu au passage des *Fossés*. Chacun le sçait, & en mon particulier je ne puis l'ignorer, m'y étant trouvé présent en plusieurs Siéges, le plus souvent avec un très-grand chagrin, n'étant pas dans un poste, où j'aurois pû faire quelque disposition convenable, pour empêcher cette perte.

Des Ingenieurs, qui même entendoient assez bien la Théorie de la Fortification ordinaire, ont eu peine à comprendre la chose ; mais lorsque j'ai parlé à quelques uns, & que je leur ai donné une Démonstration de la maniere, dont la chose pouvoit être faite, ils ont été de mon sentiment.

Une Personne de distinction m'ayant un jour demandé, si j'étois sûr du succès de ma Proposition, je répondis, qu'oüi, & que je prendrois cinquante ou soixante hommes en plein jour, pour avancer sur un Terrain, & combler même un Fossé, sans que ceux de la Place puissent voir un seul de ces hommes, de quelque endroit qu'ils se missent à les regarder, sur la *Face*, sur le *Flanc*, sur la *Courtine* dans le *Chemin-couvert*, ou sur les autres Ouvrages détachés. La Personne me dit, qu'elle seroit très-curieuse d'en voir l'exécution, & qu'il la faudroit faire. Elle n'a pas néanmoins encore été faite ; mais j'espere que cela pourra arriver quelque jour.

Je ne fais point difficulté de dire, qu'on n'a besoin que du raisonnement naturel, pour comprendre, qu'un coup de Mousquet ou de Fuzil n'est point à craindre dans un Siége, lors qu'on s'y prend comme il faut ; mais que c'est le coup de Canon, qu'on doit appréhender ; car le premier peut être arrêté avec une planche de médiocre épaisseur, comme le dit très-bien le Comte de *Pagan*, & comme on le sçait ; au-lieu que, pour arrêter le dernier, on a besoin d'un Parapet d'une bonne épaisseur.

Outre le raisonnement, l'expérience aprend encore mieux, qu'on peut facilement couvrir les gens en approchant une Place. Je l'ai moi-même pratiqué dans les Siéges, lorsque j'ai été maître de faire les dispositions que je pouvois juger à propos. & je l'ai fait même à des Places, où il y avoit une Armée, pour les défendre, comme à *Gand*, où la Garnison faisoit un feu terrible, & au delà de ce qu'on a vû dans les Siéges qui avoient précedé, & qui ont suivi. Cependant nous avançames près de cent pas en trois ou quatre heures de tems, allans droit vers l'Angle saillant dn *Chemin-couvert*, sans perdre un seul homme.

J'espere, qu'on ne m'accusera pas ici de vouloir vanter mon sçavoir faire. Ce n'est nullement dans cette intention, que j'ai raconté ce *Fait* particulier. Dans les Siéges, où j'ai été employé, & en tout ce que j'ai pû faire, je n'ai fait que m'acquiter de mon devoir. J'aurois pû faire plus, & l'aurois fait très-volontiers, si j'en avois eu l'occasion. Mon unique dessein est de faire voir & comprendre anx Souverains, qu'ils ne doivent

Q point

point compter d'avoir de bonnes Forterelles , lorfqu'on ne peut pas par de bons Flancs cachés les défendre à coups de Canon, entre-mêlés de la Moufquetterie.

J'ai eu effectivement bien de la peine avant que de découvrir cette fcience; cependant, puifque j'ai eu le bonheur de l'avoir trouvée, & que j'ai dit de quelle maniere on fait, d'autres pourroient y réüffir; il faut faire une bonne difpofition, & elle eft facile, lorfqu'on a les materiaux néceffaires pour cet effet, lefquels fe montent bien au-deffous de ce qu'il en a falu jufqu'à préfent.

Mon deffein n'eft autre que d'expliquer ici plus amplement les trois Grands *Plans*, que j'ai donnés en l'Année 1712. J'en faifois un miftere dans ce tems-là; c'eft pourquoi on les voit fi vaftes, & avec plufieurs Ouvrages, qui n'y font pas néceffaires. J'y faifois néanmoins voir quelque chofe d'extraordinaire & d'utile, dans la penfée qu'on feroit curieux, d'en fçavoir mon fentiment, & de me le faire expliquer, afin de remarquer, fi l'on ne pourroit pas en mettre quelque chofe en pratique pour le fervice de l'Etat, qui étoit pour lors en guerre, & il me fembloit jufte que le Prince, qui nous fait l'honneur de nous entretenir à fon fervice, profitât le premier de nos expériences.

Les raifons & les Démonftrations, que j'ai données au fujet des Attaques & des Défenfes des Places, feroient plus que fuffifantes pour ceux qui entendent la théorie de la Fortification ordinaire; comme néanmoins ceux qui ne font pas bien fondés dans cette Science, pourroient trouver des difficultés dans ce que je propofe, je vais tacher de m'expliquer avec encore plus de précifion.

On fçait, que dans la Fortification ordinaire le *Chemin-couvert* n'eft pas difpofé, pour pouvoir y pofter du Canon, le Flanc du Corps de la Place eft trop expofé au Canon des Affiégeans, ils peuvent l'abbatre en peu de tems, & lorfqu'il y a Bréche dans la Face du *Baftion*, on eft obligé de rendre la Place, n'étant pas ordinaire qu'on attende un Affaut général, comme on l'a vû pratiquer à toutes les Places qui ont été affiégeés & prifes pendant la derniere Guerre.

Mon fentiment feroit donc de pofter du Canon dans le *Chemin-couvert*, pour difputer aux Affiégeans les premieres approches, & les empêcher de pouvoir fi facilement dreffer leurs Bateries dans la Campagne, comme cela s'eft pratiqué jufqu'à préfent; étant très-certain que le Canon du *Chemin-couvert*, pofté, pour ainfi dire, horizontalement, feroit pour le moins très-difficile à pouvoir être démonté; & qu'autant de tems qu'il ne le feroit point, il ne feroit pas poffible de paffer l'Avant-foffé. C'eft une vérité d'expérience, qui ne peut fouffrir de contradiction.

On peut entourer le *Chemin-couvert* d'un Foffé étroit: S'il y a de l'eau, c'eft le mieux; finon il peut être fec, & en y faifant planter une rangée de groffes Palliffades au milieu, on pourra s'en fervir avec un avantage extraordinaire, pour faire fur les Affiégeans des forties qui feroient beaucoup plus affûrées pour la retraite des Affiégés, que celles, qu'on a coûtume de faire ordinairement: elles feroient auffi plus à craindre & plus dommageables pour les Affiegeans, comme je l'ai fait voir dans le Difcours fur le *Plan* C. où j'ai fait une explication particuliere au fujet des forties.

Ceux qui diroient, que quand un Foffé eft fec, les Affiégeans s'y jettent d'abord pour s'y loger, & faire agir le *Mineur*, feroient bien voir qu'ils n'auroient point appris à parler ainfi dans les Siéges. Comment eft-ce en
effet

effet qu'on pourroit fauter dans un Foffé fec, s'y loger, & attacher le *Mineur* avec tout fon attirail, lorfque le *Parapet* en Flanc eft encore en fon entier, qu'il peut flanquer à coups de Canon & de Moufquet, & que ceux qui font derriere le *Parapet* en Front, pourroient y jetter de groffes pierres, des feux d'artifice, des Bombes & Carcaffes? Certes une pareille entreprife ne pourroit être propofée que par des gens qui ignoreroient entierement, comment & avec combien de précautions on doit faire un logement dans un Foffé proche un *Parapet*, déja batu par le Canon, comme nous avons fait dans les Siéges, & qui n'étoit flanqué que par un peu de Moufquetterie. Ce feroit donc bien autre chofe de celui qui ne feroit point abbatu, & qui feroit flanqué par de bonnes Batteries de Moufquetterie & de Canon bien poftées.

Lorfqu'il y a un *Glacis*, à une Place fans Avant-foffé, rien n'empêchera les Affiégeans après avoir ouvert la Tranchée, & tiré la premiere paralelle, de donner l'Affaut au *Chemin couvert*; comme, par exemple, les Turcks qui ne fe mettent pas en peine de perdre du monde. On a vû qu'ils l'ont fait, & l'ont emporté en plein jour; & s'ils euffent d'abord fait le logement dans ledit *Chemin-couvert*, & la communication qu'il doit y avoir, fans s'amufer à autre chofe, & qu'ils euffent tenu une conduite convenable en pareille occafion, ils fe feroient rendus maîtres de toute la Fortereffe en très-peu de tems; mais on remarque affez que cette conduite leur manque.

Plufieurs perfonnes de diftinction, qui entendent la guerre, m'ont demandé, pourquoi nous ne faifions pas de même parmi nous, puifqu'en avançant fi lentement on ne perd pas feulement beaucoup de monde, mais on perd encore beaucoup de tems. Et en effet fi l'on étoit refolu de hazarder du monde en donnant l'Affaut dès les premiers jours, il eft certain qu'on gagneroit du moins le tems qu'on perd en approchant fi lentement, lequel va fouvent à des mois entiers. Je ne fuis pourtant pas de fentiment qu'on doive le faire, ayant, comme je l'ai déja dit une maniere que j'ai trouvée pour approcher promptement, & en même tems ménager le monde.

On voit bien cependant que fi l'on veut rifquer, la chofe eft faifable, mais lorfqu'il y auroit un bon Avant-foffé bien flanqué à paffer, quand même il feroit fec, la furie des Affiégeans feroit arrêtée; c'eft de quoi je conviens auffi, & fans doute ceux qui auront bien fait réflexion à la conduite des Siéges, feront de nôtre fentiment.

On doit donc avertir les Princes, & prendre la liberté de leur confeiller d'y mettre ordre, pour tirer les Places d'un danger fi évident; & pour cet effet on peut conftruire plufieurs petits Ouvrages détachés aux endroits, où il y auroit le plus à appréhender. Plufieurs Ingenieurs ont été de ce fentiment: Le Général *Coehorn* l'a mis en pratique à plufieurs Places, où au-lieu d'un *Ouvrage à Corne*, ou d'un grand *Baftion* détaché, il a conftruit trois petits *Baftions* détachés, de maniere qu'ils fe peuvent entre-aider, & être flanqués du Corps de la Place, ou du moins du *Chemin couvert*. Il n'y a pas un Ingenieur entendu qui ne convienne, que ces trois petits Ouvrages valent mieux qu'un grand *Baftion* détaché mal flanqué, ou un *Ouvrage à Corne*; car fi les Affiégeans en laiffent feulement un, ils en feront vûs en Flanc & à dos dans leurs Tranchées.

Comment voudra-t-on qu'un grand *Glacis* fans un Avant-foffé & de petits Ouvrages détachés, puiffe être bien difputé à un Ennemi, lorfqu'il ne fera d'ailleurs défendu qu'à coups de Moufquet. *Speckle* dans fon tems ne

Q 2   l'a l'a pas trouvé fuffifant pour bien défendre une Place ; le Comte de *Pagan* par la grande expérience qu'il avoit acquife, a trouvé que cet Autheur avoit raifon, & il eft tout-à-fait de fon de fentiment Puis donc que les anciens Ingenieurs ont remarqué, par leur propre expérience dans les Siéges, que les coups de Moufquet ne font pas fuffifans pour défendre une Place, & qu'une planche d'une moyenne épaiffeur peut couvrir un homme contre ce foible coup, & puis auffi que nous l'avons trouvé de même dans les occafions, il me femble qu'il eft jufte & de nôtre devoir d'avertir les Princes, & de leur faire voir que le Canon bien pofté, & employé à propos avec le Moufquet, doit & peut faire la véritable défenfe des Fortereffes.

On ne veut pas cependant dire qu'un Commandant doit toûjours tirailler à coups de Canon, comme cela eft quelque fois arrivé dans des Siéges. Cette pratique à été fuffifàmment defapprouvée dans les Difcours précédens. Les anciens Ingenieurs fe font plaints que le Canon étoit mal employé au commencement des Siéges, & que dans le tems que la véritable défenfe devroit commencer, on étoit obligé de rendre la Place faute de Munitions de guerre. En effet nous avons fouvent eu lieu de faire la même réflexion pendant les Siéges. Mais fi un Commandant avoit des endroits où il pût fûrement pofter les Bateries, s'il fçavoit en quoi confifte la véritable défenfe, & les momens où il pourra faire valoir les coups de Canon avec avantage, il eft très-certain que les Affiégeans feroient obligés de prendre de plus grandes précautions pour leurs Attaques.

Secondement, on peut difpofer le Corps de la Place d'une maniere que le *Chemin-couvert* puiffe lui fervir de *Contregarde* ; enforte que les Affiégeans feroient néceffairement obligés d'entrer dans ce *Chemin-couvert*, pour y dreffer leurs *Contre-Bateries*, afin de démonter le Flanc du Corps de la Place, & de faire la Bréche. Je laiffe aux gens de guerre, & généralement à tous ceux qui entendent les Siéges, à juger s'il feroit facile, & même poffible à des Affiégeans d'exécuter toutes ces chofes. J'en ai fait voir les difficultés au *Plan* A, & en plufieurs autres endroits, ou j'ai traité cette matiere plus en détail.

On trouvera peut-être le *Rampart* trop bas, pour couvrir les Maifons contre le Canon des Affiégeans. Je répons, que quand même elles feroient couvertes contre le Boulet, elles feroient toûjours expofées à la Bombe, qui eft plus propre à ruiner les Maifons des Bourgeois, que pour faire Bréche dans un Ouvrage ; & les gens de guerre fçavent bien qu'on ne prend point les Forterefies en abbatant les Maifons, mais en faifant Bréche dans le Rampart. On a vû des Places, où les Maifons étoient renverfées de fond en comble par les Bombes, & que-non-obftant cela, on étoit obligé d'attaquer dans les formes, d'abbatre les Flancs, & de faire Bréche dans le *Rampart*, pour obliger la Garnifon à fe rendre.

Il faut d'ailleurs que la Place foit également forte par tout, lorfque cela fe peut. N'eft-ce pas un grand chagrin pour un Prince, qu'un Ennemi lui enleve une Place à caufe d'un endroit qui a été négligé, parce qu'on avoit apparemment eftimé que des Affiégeans ne pourroit point le remarquer ; une Place d'importance, & fur laquelle il s'étoit fié, la croyant en Etat de faire une longue réfiftance ? Nous en avons vû un exemple, il y a peu d'années, à l'égard d'une Place Maritime très-avantageufement fituée, & très-bien fortifiée de tous côtés, à la referve d'un endroit laiffé fans prefque aucune défenfe, par où elle fut prife en très-peu de tems. Il eft certain que ces fortes de négligences, font fouvent la caufe des changemens fubits,

qui

qui arrivent dans les affaires d'Etat , malgré toutes les précautions imaginables qui avoient d'ailleurs été prises.

Troisiémement , on pourra disposer le dedans du Corps de la Place de
telle maniere, qu'on pourra placer dans les Angles, ou dans la gorge des *Ba-*
stions des *Redoutes* , entourées d'un Fossé étroit, comme je l'ai fait voir
aux *Plans* K. L. & M. ou comme je les ai marquées au *Plan* U. en forme d'un Corps-de-garde seulement , suivant le *Profil*, qu'on voit sur le
Plan L, entouré d'un Fossé étroit de dixhuit à vingt pieds de largeur. Je
m'assûre , que ceux qui voudront bien prendre la peine d'examiner la nature de ces petites *Redoutes*, conviendront avec moi , que par leur moyen ,
les Assiégés seront en état de soûtenir un Assaut général de pied ferme, d'obliger les Assiégeans à se loger dans le *Bastion*, & d'obtenir alors
une Capitulation telle qu'ils souhaiteront , comme je l'ai plus amplement
expliqué dans les Discours sur lesdits *Plans*.

C'est ici où je m'attens bien qu'on me fera quelques objections , &
même ceux qui ont de l'expérience dans la guerre ; d'autant que c'est présentement une chose presque généralement pratiquée , que quand il y a
Bréche dans la Face d'un ou de deux *Bastions*, toute la Forteresse doit se
rendre comme on l'a vû dans la derniere Guerre , où les Forteresses les
plus renommées, *Landau*, *Menin*, *Lille*, *Tournay* & quantité d'autres se
font renduës, sans oser attendre l'Assaut général au Corps de la Place,

Je suis cependant très-persuadé que ceux qui voudront se donner la peine
d'examiner la chose , approuveront cette maniere de soûtenir un Assaut :
Il est effectivement plus avantageux d'avoir un Fossé intérieur qui soit
bien défendu, & que les Ennemis ne puissent pas passer sans l'avoir comblé , ni sans avoir auparavant pris, ou du moins abbatu les *Redoutes* qui en
disputent le passage , que d'avoir un méchant *Retranchement* imparfait dans
la gorge du *Bastion*, où l'on court risque d'être emporté l'épée à la main ,
& qui venant à être forcé dans un Assaut , toute la Forteresse se trouve à la
discretion des Assaillans.

On doit encore y ajoûter une chose très-facheuse à mon sens, scavoir,
qu'une Garnison toute composée de braves gens , si forte qu'elle puisse être,
doit non-obstant cela continuellement appréhender de se voir emportée
par surprise, ce qui peut se faire pendant la nuit, comme il arriva autrefois à *Breda* dans le *Brabant*, à *Coevorden* dans l'*Overyssel* sur la Frontiere
de *Munster*, & pendant cette derniere Guerre à *Cremone* dans la *Lombardie*.

Certes, quand on y pense sérieusement, c'est beaucoup qu'un Prince
risque de perdre toute une Armée, & en même tems toute une Province
en une nuit. On dira bien que l'entreprise n'a pas réüssi aux Impériaux à
Cremone. Mais combien peu s'en est-il fallu ? Ne doit-on pas accorder,
que s'ils avoient gagné le Pont sur le *Po*, ils auroient sans doute été maîtres de la Place & de toute la Garnison? Et ce n'a été qu'un petit Corps-de-
garde à la tête de ce Pont, qui a donné lieu à la Garnison de mettre le feu
à ce Pont, pour arrêter le détachement qui devoit y passer, comme on me
l'a raconté dans la même Ville. C'a donc été ce petit Corps-de-garde, &
ensuite le vieux Château dans la Ville, qui ont donné le tems & le moyen aux Officiers de rallier la Garnison, pour se garantir de ce coup de surprise, après que le Général de toute l'armée & plusieurs Officiers avoient
été faits Prisonniers de guerre. C'est à cette occasion particuliere que je
prens la liberté de raisonner, sans aucun retour ni sur les Nations, ni sur
les Personnes, ou Attaquans ou Défendans ; car je n'ignore point qu'il

R   peut

peut arriver divers incidens, un guide peut se tromper, un Ruisseau, ou une Riviere peuvent s'enfler, & se déborder en une nuit, comme cela nous est arrivé une fois que nous devions aller surprendre un Retranche-ment, mais du reste chacun de part & d'autre fait son devoir. Ce que je vais dire, ne sera donc que pour faire connoître en général ce qu'on pourra naturellement faire, pour se garantir de pareilles entreprises, & d'être surpris.

Puisqu'on voit que quand un *Bastion* est emporté, toute la Place court risque de l'être en même tems, & qu'on a vû par expérience, que les en-treprises ont réüssi par le moyen des intelligences avec des Bourgeois, il est donc nécessaire de prendre de justes précautions contre de semblables inci-dens, & de les prévenir, autant qu'il est possible par la bonne règle & la véritable manière de fortifier, qui veulent, qu'une Place soit bien flanquée, & en tel état, que la Garnison puisse y faire une bonne défense, non seule-ment contre les Ennemis du dehors, mais encore contre ceux qui pour-roient se rencontrer au dedans.

Je conviens que la chose n'est pas en usage; mais on doit aussi convenir, que c'est un grand défaut. Et s'il paroît difficile de pouvoir y apporter du remede, ce n'est qu'une simple apparence mal fondée. Le remede est fa-cile, & le voici. Prèmierement, le *Rampart* & les *Ravelins* doivent être de Massonnerie, entourés d'un bon Fossé, & d'un *Chemin-couvert*, ce qui s'entend à l'égard des vieilles Places actuellement construites; car il est nécessaire que la Place soit fortifiée au dehors, avant de l'être au dedans; & lorsqu'il y auroit des *Bastions* au Corps de la Place, on pourroit poster dans chacun un Corps de *Casernes* en forme de *Redoute* quarrée, comme le montre le *Profil* du *Plan* L. un Fossé étroit au tour, une rangée de Pallissadés au milieu de ce Fossé, un petit Pont-levis qu'on puisse lever en cas d'allarme, pour mettre en sûreté les gens qui seroient dans cette *Redoute*, & dans la gorge du *Bastion*, on pourra y planter de grosses Pal-lissades, en forme d'un *Poligone*, qui aura *Face*, *Flanc* & *Courtine*, ou bien une Muraille avec des Créneaux, même un *Parapet* de terre de trois ou qua-tre pieds d'épaisseur sur la Couronne, un Fossé au devant, du côté de la Ville; alors on seroit en état de n'être point surpris, & posé qu'un ou deux *Bastions* vinsent à l'être, les autres auroient moyen de se reconnoître, & de se défendre, pour gagner du tems.

Secondément, on pourra poster un Corps-de-garde en forme de *Redoute* entourée d'un Fossé, sur chaque grande Place dans la Ville, où l'on pour-ra loger vingt, trente, ou quarante hommes, selon que la Garnison sera forte, pour empêcher les Ennemis de se ranger sur ces Places. Le tout ainsi ajusté, la Garnison, en cas d'allarme, aura suffisamment du tems, pour se reconnoître, & donner du secours à l'endroit qui sera menacé; les Bourgeois qui sont quelque fois suspects, ou sur lesquels le Prince ne peut pas tout-à-fait se fier, pourront être contenus dans le devoir avec une médiocre Garnison.

De la Défense intérieure.

Comme cette Défense se doit faire par le moyen des petits Ouvrages que j'ai dit dans les Discours précédens devoir être placés dans l'enceinte de la Forteresse, & qu'il y a apparence que chacun ne pourra pas d'abord comprendre, que de petites *Redoutes* puissent résister à l'effort d'un Puissant Ennemi qui sera pourvû de tout le nécessaire, pour attaquer une Place vigoureusement, c'est pour cette raison que je vais encore en donner une explication un peu plus ample, & autant intelligible qu'il sera possible, pour faire voir qu'un petit Ouvrage bien posté, bien couvert, & bien flanqué, est aussi bon qu'un grand, & même meilleur.

Pour les Forteresses en général, les petites Places, comme *Triangles*, *Quarrés*, *Pentagones*, *Exagones*, & autres pour couvrir une Frontiere, je crois en avoir assez dit, si l'on veut se donner la peine de l'examiner. Comme je sçai néanmoins, qu'il y a des Seigneurs qui entendent la théorie de la Fortification, mais qui n'ont pas la pratique ni l'expérience dans la guerre, & auxquels des gens veulent quelque fois persuader, qu'on peut d'abord emporter à coups de main tout ce qu'on y attaque, j'estime nécessaire de leur expliquer plus particulierement mes pensées tant sur les Entreprises formées avec raison & bon succès, que sur celles qui ayant été trop légerement faites, les gens ont été obligés de les abandonner, & de s'en retourner chez eux.

On sçait d'abord, que pour attaquer une Forteresse, on commence par l'investir avec une Armée, & l'on construit tout au tour un Retranchement, communement appellé *Ligne de Circonvallation*. Autrement les Assiégés peuvent recevoir du secours, & alors ce sont des Siéges comme celui d'*Ostende* dans les Guerres passées, & celui de *Keysersweert* dans la derniere, & plusieurs autres. Un *Bastion* détaché est difficile à prendre, parce qu'on ne peut pas l'entourer, pour en ôter la communication aux Assiégés, & qu'on est nécessairement obligé de ruiner les défenses, avec lesquelles ceux de la Place peuvent le flanquer, & donner dans la Breche, lorsqu'on voudroit y monter à l'Assaut.

La défense des petits Ouvrages détachés peut être très-bonne, lorsqu'ils sont bien postés. Les Anciens l'ont sçû, comme j'ai déja insinué qu'ils ont été de sentiment *qu'un petit Ouvrage détaché, seulement de terre, sans murailles, mais bien pallissadé & fraizé, avec une bonne communication du* Chemin-couvert *donne beaucoup de peine à des Assiégeans, avant qu'ils puissent s'en rendre maîtres; & cela par la raison qu'il seroit bien flanqué & soutenu par les Assiégés.* On voit par-là, que ce ne sont point les gens seuls qui sont dans ce petit Ouvrage, qui doivent le défendre, mais qu'il doit recevoir sa principale défense des Ouvrages voisins, qui doivent le flanquer & le soûtenir.

C'est donc au sujet des *Redoutes*, que j'ai montré, qu'on peut poster en dedans de la Forteresse pour sa défense interieure, que j'espere qu'on me permettra de discourir encore un peu, afin de faire voir qu'on ne les pourra point prendre aussi facilement que des gens le veulent persuader, sans doute parce qu'ils ne sçavent pas, que pour prendre un Ouvrage l'épée à la main, il faut absolument qu'il ne soit point flanqué d'aucun autre, autrement l'action seroit tout-à-fait téméraire.

R 2

On

On ne peut pas nier que des Places ne fe prennent par furprife, lorfque l'Agreffeur a des intelligences avec ceux de la Place, en état de lui donner la main, & en faciliter l'entrée à lui & à fes gens; mais qu'un Ouvrage puiffe facilement être pris l'épée à la main, fans qu'il y ait Bréche, & fur-tout lorfqu'il eft couvert par en haut avec un bon toit, c'eft ce que je dis n'avoir jamais vû. Si l'Ouvrage étoit enfilé, ou vû de revers, ou fi la Garnifon étoit d'intelligence, pour ne pas faire une défenfe convenable, ce feroit une autre affaire, la prife de l'Ouvrage feroit facile. Mais fi l'Ouvrage avoit tout ce qui eft requis pour une bonne défenfe, fuivant la Méthode que j'ai propofée, s'il n'y avoit aucune intelligence fecrete, & fi les Affiégés étoient réfolus à fe défendre en braves, ce feroit une grande illufion que de prétendre emporter un tel Ouvrage l'épée à la main, ou en très-peu de tems, quelque effort qu'on pût y employer. La réfiftance que des Affiégeans y trouveroient, feroit capable de rebuter les plus braves gens, & de faire un tort très-confiderable à toute une Armée, fur tout dans le commencement d'une Campagne.

Difcourant un jour fur cette matiere avec un Officier expérimenté à la guerre, il me dit, qu'il avoit quelque fois vû de ces fortes d'Entreprifes, mais dont la plûpart avoient tourné à la confufion de ceux qui les avoient formées; qu'il en avoit vû entr'autres une en *Hongrie*, où plufieurs mille hommes détachés de l'Armée Ottomane, n'avoient pû prendre fans Canon une vingtaine d'hommes de l'Armée Chrétienne, enfermés dans une *Redoute* fimplement de bois, entourée de groffes Palliffades; que grand nombre de ces hardis entrepreneurs qui avoient voulu couper les Palliffades, ayant été tués, ou bleffés, le refte voyant l'entreprife mal conçuë s'en étoient retournés plus vîte qu'ils n'étoient venus.

Un autre Officier nous dit avoir auffi vû, qu'un Détachement d'une Armée devant néceffairement paffer un défilé proche une Maifon de Païfan, deux hommes des Ennemis, qui y étoient enfermés & baricadés, avoient tué plufieurs de l'Avantgarde du Détachement. Le Général qui commandoit le Corps, voyant qu'on lui tuoit du monde, fit faire halte, & ayant heureufement pour lui remarqué, que la Maifon, où étoient emfermés les deux hommes, n'étoit couverte que de paille, il y fit mettre le feu, & après que les deux hommes fe furent rendus, il continua fa route.

Les Hiftoires rapportent, que dans la *Carniole*, un Païfan, enfermé dans fa maifon, avoit feul tué plus de quarante hommes d'un détachement de l'Armée Turque. Il avoit deux Fufils, & pendant qu'avec l'un il vifoit un Turc, fa femme lui chargeoit l'autre. La poudre lui ayant manqué il fut pris; fans cela il en auroit couché un plus grand nombre fur le quarreau, avant que de fe rendre.

Je n'examine point ces deux Actions en elles-mêmes, s'il y a de la générofité, & fi elles peuvent être permifes à la guerre. Je les rapporte uniquement, pour faire voir ce qu'un feul homme a fait en fe défendant étant mal pofté, & par confequent ce que vingt hommes bien poftés feroient en état de faire. Il eft néanmoins queftion d'examiner, & de faire attention à la maniere, dont les hommes font poftés. On pofte bien une *Redoute* en quelque endroit fur un paffage: on y met dix, douze, vingt hommes, mais quand une Armée vient à y paffer, & que le Général fait l'honneur à cette petite Garnifon d'y envoyer une ou deux pieces de Canon, pour tirer deffus, alors elle doit fe rendre prifonniere de guerre, comme je l'ai vû plufieurs fois pratiquer y étant préfent. Il eft rare que fans Canon on prenne

vingt

vingt ou trente hommes un peu bien poftés, lorfqu'ils veulent fe défendre.

Nous en avons eu un exemple pendant cette derniere guerre à *Limbourg*, où j'étois pour lors en Garnifon. Un détachement de quelque centaine d'hommes des Ennemis y vint fans Canon, pour enlever un Officier des nôtres avec vingt ou vingt-cinq hommes pour la garde de la Baffe Ville dans une Maifon joignant le Pont. Le Partifan voulut faire couper une rangée de Palliffades qui étoient devant la Porte de cette Maifon; mais après y avoir perdu un Officier & plufieurs Soldats, voyant que l'Enfeigne qui commandoit dans la Maifon, fe défendoit en brave & en homme entendu, ne jugea pas à propos de continuer trop long-tems fon entreprife, & s'en retourna d'où il étoit venu.

Dans plufieurs Siéges, nous avons vû; & toute l'Armée a vû pareillement, que ceux de la Place ayant occupé une Maifon à cinquante ou cent pas éloignée du *Chemin-couvert*, nous étions obligés, pour nous en rendre maîtres, de dreffer une Baterie de quelques pieces de Canon, afin de forcer les gens qui étoient dedans ou de fe rendre, ou d'abandonner leur Pofte.

Je pourrois encore citer plufieurs autres exemples de cette nature: Il fembleroit même que cela feroit néceffaire pour le fujet que je traite, afin de rendre plus fenfible le défavantage quil y a à rifquer de pareilles entreprifes, & de faire en même tems mieux connoître les utilités & la folidité qui fe rencontrent dans les *Projets* que je propofe pour les véritables interêts des Souverains, de leurs Sujets & de leurs Etats; pour ne pas néanmoins rappeller le fouvenir d'Entreprifes trop inconfidérément hazardées, je les pafferai toutes fous filence.

Je me contenterai feulement de tirer des exemples rapportés ci-deffus, la conféquence qui en réfulte naturellement; fçavoir, que fi le Détachement d'une Armée venu fans Canon, n'a pû enlever une vingtaine d'hommes dans une efpece de Maifonnette en forme de *Redoute* quarrée, n'ayant qu'une muraille de l'épaiffeur d'une brique & demie, fans aucune défenfe du dehors, & fans aucune communication, pour pouvoir être foûtenuë, il fera incomparablement moins poffible de prendre une bonne petite *Redoute* dont la muraille aura deux à trois pieds d'épaiffeur, entourée d'un Foffé de 15. pieds, bien flanquée par deux autres, portant chacune cinq ou fix pieces de Canon, & par une troifiéme, qui étant la plus proche, peut y donner à coups de Fuzil, comme feroient, par exemple, celles que j'ai poftées intérieurement dans le *Plan A*. où l'on pourra les examiner.

S'il faut donc employer le Canon, comme je l'ai vû pratiquer à plufieurs Siéges, où les Ingenieurs faifoient pofter une Baterie de cinq ou fix pieces, pour abbatre une Maifon fur le *Glacis*, fans Foffé, & fans communication, ne jugeant pas à propos de la faire attaquer l'épée à la main, & Meffieurs les Généraux y donnant volontiers leur approbation, fçachant que ces Ingenieurs étoient véritablement entendus, & qu'en effet il étoit jufte d'en ufer de la forte, pour ne pas facrifier le monde inutilement, à combien plus forte raifon fera-t-il néceffaire d'employer le Canon, pour abbatre non feulement une bonne *Redoute*, mais pour le moins trois ou quatre, femblables à celles, dont je viens de parler, qui d'ailleurs pourroient être à couvert contre les Bombes, & dont la communication ne pourroit être coupée, comme il fe voit fur le *Plan K*. où la *Redoute T*. n'eft pas feulement flanquée par quatre autres R. O. A. & U. mais encore par deux Bateries,

S   que

que les Affiégés pourroient élever au delà du Foffé intérieur, comme je l'ai marqué.

Si les Ingenieurs, qui entendent bien la Théorie de la Fortification ordinaire, & qui s'appliquent à découvrir quelque chofe d'utile pour le fervice des Souverains, veulent bien examiner le préfent Ecrit, je dois me flatter, qu'ils approuveront la Défenfe tant extérieure, qu'intérieure que je donne, & en particulier cette invention des *Redoutes* intérieures que je propofe.

Plufieurs Ingenieurs ont touché quelque chofe de la Défenfe intérieure, comme étant fi néceffaire aux Fortereffes, que fans elle la Fortification d'une Place ne peut être dans fa perfection. *Rimpler* eft celui de tous, qui a le mieux parlé de cette Défenfe. Il eft vrai que chacun ne comprend pas fes Propofitions. J'en ai connu qui prétendoient que *Rimpler* avoit voulu en impofer aux gens; mais qui, lorfqu'on leur expliquoit la chofe, marquoient leur furprife, l'approuvoient, & difoient, que s'il vouloit faire comme cela; il avoit raifon. N'y a-t-il pas de l'injuftice & de la malhonêteté à blâmer fans connoiffance de caufe un homme qui eft mort? Il en eft d'autres qui ne comprennant pas bien quelques unes de fes Propofitions, en trouvent l'exécution trop difficile fur le Terrain, à caufe des grands *Cavaliers* qu'il veut entourer d'un grand Foffé, & des grandes *Traverfes*, dont il parle; ce qui ne demande pas feulement un fort grand efpace, mais doit encore coûter des fommes extraordinaires.

Quant à moi, je tiens que la Défenfe intérieure eft très-excellente, tout-à-fait néceffaire, & de la derniere importance. Elle met une Garnifon en état de pouvoir foûtenir un Affaut général de pied ferme; ce qu'on n'a pas pû faire jufqu'à préfent, fans rifquer la Place, & tout ce qui en dépend; & quand même cette Défenfe intérieure devroit coûter beaucoup, il feroit néceffaire de la mettre en pratique, fi l'on ne pouvoit point en avoir de meilleure. Mais puifque des Anciens Ingenieurs nous ont donné quelques principes, & que *Speckle* & *Rimpler* nous ont fourni plus d'éclairciffemens que les autres fur cette matiere, au lieu de s'amufer à les critiquer mal à propos, ne devroit-on pas s'étudier à approfondir ce qu'ils ont avancé, & à le perfectionner? Je fuis fort perfuadé, que ceux qui fe donneront la peine d'examiner ce que je propofe touchant les petites *Redoutes*, trouveront que la chofe eft tout-à-fait avantageufe, & même de peu de dépenfe. N'eft-il pas en effet d'une derniere évidence & inconteftable, qu'un Ouvrage flanqué par plufieurs autres, tant de la Moufquetterie que du Canon, eft meilleur qu'un autre, qui ne l'eft point du tout, ou ne l'eft que d'un feul?

Cela étant, on peut avec toute forte de raifon confeiller au Prince de faire conftruire des Fortereffes fuivant les *Plans* que je donne, & que j'ai tirés en partie de *Speckle*, du Comte de *Pagan*, de *Rimpler*, & en partie de l'expérience que j'ai acquife dans plufieurs Siéges confiderables & autres Opérations de guerre, ou je me fuis trouvé. On peut les conftruire comme celle qui eft marquée U. fi l'on veut avoir des *Baftions*. Cette Fortereffe aura donc fept *Baftions*, plus ou moins fi l'on veut, au Corps de la Place, & dans chaque gorge il y aura quatre de ces petites *Redoutes* entourées d'un Foffé. Elles ne coûteroient que très-peu à bâtir, puifque ce ne font que des efpeces de *Cafernes* quarrées, de dix-huit à vingt pieds chaque Face. Il n'eft rien de fi facile, que de trouver moyen de pofter dans chacune deux pieces de Canon à couvert contre la Bombe, & d'y faire un logement pour dix ou douze hommes, qu'on pourroit y avoir en garnifon.

ſon. On voit de cette maniere, qu'une de ces *Redoutes* ſeroit défendue par cinq autres de chaque côté, leſquelles en font dix enſemble, qui peuvent ſoûtenenir & défendre une onziéme, ou bien douze la troiziéme, comme on peut le voir ſur le *Plan*; & ſi le coup de Mouſquet peut atteindre & faire ſon effet à la diſtance de ſoixante verges païs du *Rhyn*, qui ſont à peu près cent vingt toiſes de *France*, on verra ſur ledit *Plan* que ces douze *Redoutes* pourront toutes y atteindre.

Peut-être voudra-t-on objeéter qu'un Ennemi tâchera de gagner les Officiers Commandans de ces *Redoutes*, & en ce cas étant maître deſdits Poſtes, il le ſera de toute la Place. Si telle choſe étoit faiſable il faudroit à la vérité accorder que la Fortereſſe ſeroit perduë ſans reſource, mais ce ſont là des imaginations qui ne ſont point à propoſer ni à des gens de guerre, ni même à toute perſonne qui raiſonne avec quelque fondement, étant tout-à-fait hors d'apparence qu'un Ennemi puiſſe gagner & corrompre pluſieurs Commandans à la fois, & poſé qu'entre tous il s'en rencontrât deux ou trois aſſez malheureux pour vouloir trahir leurs Princes, les autres reſteroient toûjours fidelles, ſoûtiendroient leurs Poſtes, & donneroient le tems au Gouverneur de les ſecourir.

Quand même on appréhenderoit un pareil coup, ce ſeroit au Gouverneur ou Commandant en Chef à avoir ſoin de changer ſouvent les petites Garniſons deſdits *Redoutes*, & à prévenir toute pratique & toute intelligence de Trahiſon.

Ce ne ſont pourtant pas les coups de Mouſquet ou de Fuzil ſeuls qui doivent, & qui peuvent retarder les Siéges, ni qui faſſent grande peine aux Aſſiégeans, en leur tuant du monde, comme je l'ai déja dit ailleurs, car il y a des Puiſſances qui peuvent avoir des hommes, autant qu'ils voudront; mais ce ſont les coups de Canon donnés dans les Ouvrages, qui embaraſſent, & prolongent un Siége, lorſqu'ils renverſent une Baterie, un Logement ou autres Ouvrages, qui ont coûté du tems & une extrème peine, & qu'on eſt obligé de recommencer. On ſçait de plus, que quand on auroit des hommes en abondance, on ſe trouve quelque fois en des endroits ſi ſerrés, & ſi bornés, par exemple, dans le *Chemin-couvert*, & ſur le bord du Foſſé, comme l'a très-bien remarqué le Comte de *Pagan*, que, quand on auroit deux mille hommes en ſa diſpoſition, on ne pourroit en employer, & en faire agir que dix ou douze à la fois à l'Ouvrage ou au Logement dont on a beſoin. Afin donc de bien défendre une Place, il faut faire un meilleur uſage du Canon, qu'on n'a fait juſqu'à préſent, puiſque c'eſt avec les boulets de Canon, & nullement avec les balles de Mouſquet, qu'on peut effeétivement renverſer les *Gabions*.

Quoique j'aye fort inſiſté en pluſieurs endroits de cet Ecrit, pour recommander très-particulierement à ceux, qui liront la Méthode qui y eſt propoſée, de la bien examiner, avant que d'en juger; je ne puis me diſpenſer de répéter encore ici les mêmes inſtances, parce qu'il ſe rencontre ſouvent des perſonnes, qui ſans approfondir ce qui paroît nouveau, en font tout d'abord une déciſion déſavantageuſe. J'en ai rencontré, qui paroiſſoient même être de mes amis, & qui cependant avoient condamné mes propoſitions en mon abſence. Pour mieux faire valoir le jugement qu'elles en avoient fait, elles s'étoient ſervies de la ſentence paſſée en uſage commun, qu'il n'y avoit point au monde de Fortereſſes imprenables, qu'on avoit bien pris *Namur* qui étoit la plus forte Place de *l'Europe*. Mais lorſqu'il

m'arm'arrivoit de parler à ces Personnes en préfence d'autres gens, & que je leur faifois voir en quoi confiftoit la force ordinaire des Places, même de celle de *Namur*, & en quoi devoit véritablement confifter la force d'une Forte-reffe, elles en étoient comme furprifes, & avoüoient, qu'elles n'avoient point compris la chofe de cette maniere-là, ajoûtant, quelles étoient en-tierement de mon fentiment.

Mon deffein en propofant cette nouvelle Méthode, n'a été que de faire connoître l'utilité qui pouvoit en revenir pour le fervice de l'Etat, par la conftruction de bons *Retranchemens*, où une petite Armée pût fe défen-dre, & fe maintenir contre les efforts d'une grande par le moyen de la For-tification des Poftes, d'une maniere que ceux qui s'y trouveroient, pourroient s'y foûtenir, & donner le tems aux Armées d'exécuter leurs Entreprifes, & auffi par des moyens capables de faciliter la prife des Places Affiégées, & de mieux conferver les gens de guerre dans les Approches.

Il n'y a rien de fi préjudiciable à la guerre, que de fe fervir d'un foible, & même médiocre *Retranchement*, dit le Comte de *Pagan*. C'eft une vé-rité confirmée par l'expérience que nous en avons vûë. Il n'eft pas befoin de rapporter tous les défordres & le mal que ce défaut a caufés de nos jours: chacun le fçait, & mon deffein eft feulement de faire voir, qu'il ne coûte gueres plus de tems ni de fraix, pour en faire un bon qu'un médio-cre, ou un mauvais.

J'avois autre fois propofé de pofter une *Redoute* au milieu d'une Cita-delle, & une autre dans une Ifle qui étoient entourée de Maifons. Dans la Ville, où j'étois pour lors en Garnifon, on crut que je m'étois trompé dans ces *Projets*. Cependant le Prince eut la bonté d'envoyer deux de Meffrs. les Généraux, pour examiner la Propofition. Je leur montrai le Terrain & l'idée que j'avois à l'égard de l'un & de l'autre. Ils me déclarérent, qu'ils avoient auffi crû que je m'étois trompé, mais qu'après avoir entendu mes raifons, ils étoient perfuadés du contraire, & qu'ils voyoient bien que l'un & l'autre fe pouvoient très-bien exécuter fur le Terrain, & rendre de bons fervices; qu'ils étoient néanmoins de fentiment, que les Ennemis n'étant plus à craindre de ce côté-là, il étoit plus à propos d'épargner les fraix.

Je prévoyois dans ce tems-là un malheur qui n'a pas manqué d'arriver, & comme je me trouvois dans une Place, qui felon toutes les apparences auroit été une dés premieres attaquée, fi la Paix ne s'étoit pas faite, j'aurois été bien aife de faire voir à l'Etat ce qu'on peut faire avec la Défenfe inté-rieure, lorfqu'au milieu d'une Place il y a un Donjon fur lequel on peut en quelque maniere, s'appuyer, pour facilement retrancher la Bréche comme auffi tous les *Baftions*, & fe mettre en état de la défendre dans une occafion fans rifquer en aucune maniere la Garnifon.

Il eft vray que chacun ne peut pas d'abord comprendre cette maniere d'agir; cependant au defaut d'un Foffé intérieur flanqué par plufieurs *Re-doutes*, comme je le propofe à préfent, je me ferois fervi de ce Fort feul dans ce tems-là, pour y adjoûter le refte dans l'occafion; & je n'ay jamais rien propofé que je ne me fois moi-même offert à le mettre en exé-cution: outre cela lorfque je me fuis expliqué là-deffus à des perfonnes in-telligentes, elles font convenuës avec moi que la chofe feroit facile, qu'el-le feroit une défenfe aifée, & avec laquelle une Garnifon ne rifqueroit rien à foûtenir un Affaut Général.

De

De la Défense extérieure.

SUivant l'ordre naturel, j'aurois dû avoir ici traité de la *Défense Exté-rieure* avant *l'Intérieure*, comme je l'ai fait ailleurs. J'en ai ainsi usé pour des raisons particulieres.

Comme la *Défense Intérieure* renferme tous les Ouvrages qui se rencon-trent dans l'enceinte de la Place, l'*Extérieure* comprend généralement tous ceux qui sont au dehors de cette enceinte, comme *Fléches*, *Chemin-couvert*, *Ravelins*, *Ouvrages à Corne*, à *Couronnes*, *Tenailles* & même le Rampart de la Place.

C'est une question entre les Ingenieurs, sçavoir, si l'on doit admettre le *Ravelin* dans la *Fortification*. Quelques-uns ont prétendu que c'étoit un couteau, qui coupoit la gorge à la Garnison. *Speckle* dit franchement qu'il cause la perte de la Place, & il le prouve par de bonnes raisons. Je laisse à part la critique & les disputes qu'il y a eu là-dessus ; mais il est très-certain, & l'on doit convenir que la communication du *Ravelin* est tout à-fait exposée à l'Artillerie des Ennemis. Des Ingenieurs ont voulu couvrir cette communication par un Parapet de chaque côté, & alors el-le devient une Tranchée qui conduit l'Ennemi droit à la *Courtine*. Les Faces dudit *Ravelin* sont très-mal flanquées du Corps de la Place, comme je l'ai fait voir ailleurs; & quand l'Ennemi y est logé, il y est comme dans un Fort ; aussi sçait-on, que quand il est pris, ceux de la Forteresse ne tar-dent point à càpituler.

Il semble que le *Ravelin* a été ajoûté à une Forteresse après coup ; c'est à dire, que l'Ingenieur qui avoit Fortifié la Place, avoit ou par épar-gne ou par quelque autre raison, fait la faute de placer les *Bastions* trop éloignés les uns des autres, de sorte que le coup de Mousquet du Flanc d'un *Bastion* ne pouvoit pas porter à la Face de l'autre. Pour remedier à ce défaut, on a crû qu'un Ouvrage placé au milieu de la *Courtine*, seroit d'un grand secours dans l'occasion, & pourroit avec la Mousquetterie aider à défendre les *Bastions* du Corps de la Place.

Cet Ouvrage est ce qu'on a appellé *Ravelin*, qui d'abord n'avoit point de Flancs, mais dans la suite il a été jugé nécessaire d'y en ajoûter pour le rendre plus utile. Cependant, que le *Ravelin* ait des Flancs, ou qu'il n'en ait point, il est évident, qu'il ne peut servir qu'à obliger des Assiégeans à le prendre le premier, & qu'aussi-tôt qu'il est emporté, les *Bastions* se retrouvent dans le même inconvenient de ne pouvoir pas s'entresecourir ré-ciproquement les uns les autres.

Le grand Empéreur *Charles-Quint* a lui-même reconnu ce défaut des *Bastions* trop éloignés les uns des autres dans une Fortification. Le Fait mérite d'être ici rapporté. Cet Empereur faisoit fortifier la Ville d'*Anvers*, & avoit donné la direction des Travaux à un Ingenieur. Celui-ci après avoir examiné le *Plan* qu'il devoit faire exécuter, & auquel il n'avoit point eu de part, prit la liberté de représenter à sa Majesté Imperiale, que les *Ba-stions* seroient trop petits & trop éloignés les uns des autres ; mais l'Empe-reur lui répondit, que ceux qui avoient formé le *Plan* étant des Gens en-tendus dans l'Art de faire la Guerre, ils n'auroient pas sans doute man-

qué

qué en rien dans ces fortes de matieres , & qu'ils étoient de fentiment qu'un Ennemi attaqueroit indubitablement la *Courtine* & non pas les *Baſtions* , qu'ainſi il lui recommandoit de s'attacher uniquement à fuivre exactement le *Plan* qu'il lui avoit donné , & de tâcher de mettre la Forterefle dans la perfection qu'elle devoit avoir. Deux ans aprés les Travaux étant prefque achévez , & l'Empereur étant revenu pour les voir , ayant alors remarqué au premier coup d'œil la faute qui fe rencontroit dans l'éloignement des *Baſtions* , Sa Majefté Imperiale prévint l'Ingenieur , qui vouloit encore en parler , & lui dit. *Je vois ce que tu as voulu me faire entendre il y a deux ans , & je le comprens préfentement beaucoup mieux que je ne fis en ce tems-là. On m'avoit fait entendre , qu'on attaquoit les Places par la* Courtine *, mais on m'a fait voir du depuis , que le mieux eſt d'attaquer la Face du* Baſtion *, comme effectivement c'eſt le plus naturel , & alors le Flanc de l'autre* Baſtion *fe trouve trop petit & trop éloigné. Tu as eu raiſon ; mais* , ajoûta-t il avec fa douceur ordinaire , *il faut que tu t'accoûtumes à te laiſſer contredire comme Nous. Pourſuis feulement l'Ouvrage , la faute en eſt faite ; ce fera pourtant une aſſez bonne Place.*

Les *Baſtions* détachés font à mon fens préférables aux *Ravelins* ; mais il faut toûjours avoir foin , qu'ils ne foyent pas trop éloignés les uns des autres , & les placer de maniere qu'ils puiffent fe flanquer les uns les autres réciproquement , & être flanqués par les Bateries de plufieurs autres Poftes ; cela étant bien obfervé , on peut avec raifon , préferer un *Baſtion* détaché & même une fimple *Fléche* , non pas feulement au *Ravelin* , mais même à toutes fortes d'autres Ouvrages détachés. La Règle eſt tellement jufte , qu'on dit que le célébre *Coehorn* , ayant un jour été prié de dire fon fentiment au fujet d'une Place environnée de quantité de *Baſtions* , mal difpofés pour s'entre-aider les uns les autres , avoit répondu que c'étoient d'aſſez bons *Eſquadrons* , mais *mal rangés* ; à quoi l'on doit ajoûter , que *Rimpler* , difoit déja de fon tems , que ces fortes de *Baſtions* venant à être au pouvoir des Ennemis , ils leur rendent plus de fervice pour prendre la Place , qu'ils n'en peuvent rendre pour la défendre.

Je connois une Place dont la fituation eſt des plus avantageufes pour être fortifiée. Elle a un très-bon Arfenal , abondamment pourvû d'Artillerie. Elle eſt auffi aſſez bien fortifiée fuivant la Méthode ordinaire , à l'exception d'un endroit , actuellement encore dans l'état que des Affiégeans peuvent y conduire une Attaque , fans que ceux de la Forterefle puiffent pofter trois pieces de Canon pour les incommoder dans leurs Tranchées. La Place venant donc à être attaquée par cet endroit , elle feroit indubitablement emportée en peu de tems. Alors ceux qui n'auroient point connoiffance de la foiblefle de cet endroit , ne manqueroient pas de dire comme à l'ordinaire , qu'il n'y a point préfentement de Forterefles imprenables , puifque malgré une forte Garnifon & deux cent pieces de Canon une telle Forterefle a été en fi peu de tems obligée de céder à la force ; mais au contraire ceux qui pourroient être inſtruits de la raifon particuliere de cette prompte expédition , bien loin d'y trouver quelque chofe de furprenant , feroient feulement étonnés de ce que l'on auroit négligé de fortifier l'endroit en queſtion. Je ne fais point difficulté d'avancer ici qu'avec une dépenfe de dix mille écus , on feroit en état d'oppofer à des Affiégeans cinquante pieces de Canon de quelque côté qu'ils entrepriffent d'attaquer la Place , ou à cet endroit ou à tout autre.

Il n'eſt pas befoin qu'il y ait du Canon généralement fur tous les Flancs.
Un

Un Ingenieur, qui fait le *Plan* d'un *Projet*, doit marquer des Embrafures, pour montrer au Commandant, où il en pourra mettre, pour s'en fervir dans l'occafion; mais cela ne veut pas dire qu'on en doive nécessairement pofter par-tout, comme je l'ai quelque fois remarqué par les discours de quelques Amateurs: N'eft-ce pas raifonner fans fondement, & faute d'avoir bien compris le fentiment de l'Auteur? Car c'eft une nécessité de voir la difpofition des lieux, & l'ufage que les occafions exigent que l'on faffe du Canon. Par exemple, j'en ai marqué beaucoup fur le *Plan* T. mais on conviendra avec moi, que fi on en met fur les demi-*Baftions* E. & G. cela fuffit, car fur celui du milieu marqué R. on y pourra pofter de la Moufquetterie. Je dois pourtant dire encore, comme en paffant, que fi l'on y mettoit une demi-douzaine de pieces, elles y feroient plus d'effet que deux cent Moufquetaires, pour empêcher les Ennemis de dreffer une Baterie dans le *Chemin-couvert.*

Le Comte de *Pagan*, dit qu'il ne faut jamais compter le Canon fuivant le nombre des *Baftions*, mais bien fuivant les Attaques que les Ennemis pourront faire; & la plus puiffante Armée, dit-il, n'en fait, & ne peut en faire que deux. C'eft ce que nous avons auffi remarqué dans cette derniere Guerre. Il eft vrai qu'il y en a eu jufqu'à trois à de certaines Places, comme à *Venloo*, à *Grand*, & à *Tournay*, mais on fçait que c'eft un grand embaras, & fi lefdits Siéges avoient duré longtems, il eft très certain que cela auroit extrémement fatigué les Armées.

On verra ici avec plaifir à l'occafion du Canon, ce que des Officiers m'ont affuré avoir vû arriver à *Gibraltar*, où ils étoient en Garnifon, dans le tems que la Place fut Affiégée par les Efpagnols vers la fin de la derniere Guerre. Les Affiégeans ayant commencé à dreffer une Baterie pour faire Bréche, S. A. le Prince de *Darmftadt*, qui commandoit dans la Place, fit affembler tous les principaux Officiers de la Garnifon, & leur propofa, qne s'ils vouloient bien l'affifter avec leurs Régimens, il étoit de fentiment de faire promptement ajufter le mieux qu'il feroit poffible, le Rampart qui quoi qu'en mauvais état, fe rencontroit néanmoins heureufement affez bien difpofé pour démonter des pieces de la Baterie des Ennemis. La Propofition fut trouvée fi jufte, que chacun s'empreffa à l'inftant de mettre la main à l'œuvre, d'autant plus, qu'on étoit perfuadé, que fi la Bréche venoit à être faite, il n'y avoit d'autre fort à attendre que de fe rendre prifonniers de Guerre; ayant donc accommodé des Embrafures ils y poftérent le Canon, & lors que les Affiégeans crûrent faire la Bréche, les Affiégés donnérent fur leur Baterie d'une maniere, qu'ils la renverférent de fond en comble en très-peu de tems.

Cet exemple d'une Baterie d'Affiégeans renverfée par une Contre-Baterie, que des Affiégés ont élevée à la hâte fur un mauvais Rampart, fait toucher pour ainfi dire, au doit & voir à l'œil ce qui pourra être fait dans une Forterefse en bon état, & où le Soldat n'aura rien à faire qu'à aider à transporter le Canon fur le Rampart du côté où les Affiégeans feroient la Baterie, au cas qu'on trouvât à propos de renverfer les Bateries dans la Campagne; mais il eft feulement ici queftion d'empêcher, ou de renverfer une Baterie, que des Affiégeans voudroient, ou auroient dreffée dans l'Angle faillant du *Chemin-couvert.*

On pourroit objecter que les Affiégeans fe couvriront en faifant leur Baterie. On n'en difconvient pas, puifque cela fe peut; mais n'eft-il pas vrai que s'ils veulent fe fervir de leur Baterie, il faut qu'ils la découvrent,

& alors on est à deux de jeu, comme on dit, & *ce qui voit*, *est vû* viendra ici très-à-propos ; car s'ils voyent, on les voit aussi, comme cela paroît par l'exemple de *Gibraltar*?

On trouvera ici que les Assiégeans ne pourroient dresser leur Contre-Bateries que dans le *Chemin-couvert*, car s'ils vouloient les poster dans la Campagne, le *Parapet* dudit *Chemin-couvert* leur seroit un obstacle, d'autant qu'il couvre les bas *Flancs* de l'Ouvrage G. R. & E. comme on voit au Plan T. C'est donc une nécessité indispensable de les poster en dedans, si cela se peut.

Il est seulement question de bien examiner le Terrain de ce *Chemin-couvert*. Où il est étroit, on ne pourra point dresser de Contre-Bateries. Il faudra donc nécessairement les placer dans des endroits, où il y a de la largeur. Posons que ce fût du côté du Pont, presque à la gorge du petit *Bastion* détaché B. car si l'on veut abbatre le *Flanc* du Bastion E. il faut qu'elle soit postée à cet endroit; mais il est vû en Front, en Flanc & à dos de cinq ou six Bateries, avec plus de cinquante pieces de Canon, s'il en étoit besoin. Ceux qui ont la charge de dresser ces sortes d'Ouvrages, jugeront, s'il est possible de dresser une Contre-Baterie en un tel endroit.

Afin de remplir utilement l'espace vuide qui se rencontre dans cette page, j'ajoûterai une réflexion tout-à-fait sensible, pour démontrer les avantages de la *Défense Intérieure* que quelques Ingenieurs n'ont pas fait difficulté de traiter de ridicule & de chimerique, en quoi ils ont fait connoître qu'ils n'entendoient aucunement la matiere dont il s'agissoit; mais je puis dire hardiment, que si dans le grand *Retranchement* de *Dennain* on en avoit eu à tems construit un petit, pour couvrir le Pont, comme les Anciens Ingenieurs l'avoient pratiqué en semblables occasions, & qu'on eût eu soin de pallissader & fraiser ledit petit Poste, un seul Bataillon qui y auroit été placé pour le garder, auroit empêché la confusion, & produit de très-bons effets.

Il ne paroîtra pas tant étrange de pallissader un petit Poste, qui ne sera seulement qu'une demi-*Redoute*, pour couvrir un Pont, sur-tout à ceux qui sçauront que le Duc de *Saxe Weimar*, pour se garantir des insultes d'un Ennemi puissant auquel il avoit à faire, fit mettre deux rangs de Pallissades à la circonvallation du Siége de *Brisach*.

Ceux qui sçavent, comment on attaque un Poste, comprendront aisément, que le grand *Retranchement* auroit servi de *Contregarde*, ou de *Chemin-couvert* au petit, les Bataillons à droit & à gauche dans le grand auroient été en état de se défendre par l'assistance du petit, & quand les Assaillans auroient eu emporté le grand, ils auroient été obligés de faire une nouvelle disposition pour attaquer le petit, qui auroit été pallissadé, & fraisé. Il auroit fallu de nécessité y faire une nouvelle disposition, pour y faire Brêche; ce qui avec la défense des cinq ou six cens hommes qui auroient été dedans, auroit certainement donné suffisamment du tems à l'Armée, pour y envoyer du secours. La Prise du *Retranchement* de *Dennain* doit dans tous les tems à venir servir aux Ingenieurs d'un puissant Avertissement, pour faire usage de la *Défense Intérieure*, & jamais ne la negliger.

De

Des Cafemattes & des Magazins.

IL eft de la derniere conféquence de mettre une Garnifon à couvert contre l'Artillerie de l'Ennemi, & fi les Finaces du Prince ne permettent
point de faire des *Cafemattes* pour la couvrir contre la Bombe, du moins
doit-on faire tout ce qui fe peut, pour la couvrir contre le Canon ; fans
cela il n'eft pas poffible de pouvoir défendre une Bréche, comme il faut,
& lorfqu'on voudra faire des *Cafemattes*, je confeillerois qu'elles fuffent poftées de maniere qne le foldat y étant à couvert, pût défendre la Bréche,
ou au moins en fortir aifément felon l'occafion, pour aller au rendez vous
fans étre vû du Canon des Affiégeans.

J'ai dit quelque part qu'un Ennemi ne voudra pas s'amufer à abbatre les
Maifons, & que ce n'eft pas par-là que l'on prend les Places. Je fuis toûjours de ce fentiment, à quoi l'on pourroit ici m'objecter, que ci-devant
dans un Siége j'ai moi-même propofé de ne point épargner les Maifons, &
que la chofe a reüffi. Le Fait eft véritable, mais il faut fçavoir quelle étoit
la nature de la Place & des Maifons. C'étoit une petite Place fur une
hauteur, où il n'y avoit que de méchantes Maifonnettes que les Habitans avoient abandonnées à la Garnifon: nos Bateries étoient poftées dans
les Rochers d'une Montagne, de forte qu'en faifant la Bréche, les coups de
Canon qui paffoient par deffus, enfiloient les Maifons. Le deffein avoit
été d'abord de les épargner, mais m'étant apperçû, que la Garnifon n'avoit
point d'autre retraite que ces Maifonnettes, & que le Canon l'obligeant
de les abandonner, elle feroit contrainte de fortir de la Place, le fervice du
Prince m'engagea d'ordonner de ne point les épargner. En effet elle fut
obligée de fortir pour fe camper au pied de la Muraille de l'autre côté de
la Ville. C'étoit juftement ce qu'on pouvoit fouhaiter; parce qu'ayant été
pour les attaquer, ils fe fauverent, promtement, & abandonnerent la Fortereffe, dont nous prîmes poffeffion.

Il faut donc faire diftinction, tant à l'égard des occafions, qu'à celui
des Maifons-mêmes. Si les Affiégés avoient eu un endroit où fe mettre à
couvert contre nôtre Artillerie, ils n'auroient pas été obligés d'abandonner
la Place, pour aller chercher un azile ailleurs; fi même il ne s'étoit agi que
des *Bombes*, ils auroient eu plus de moyen d'en éviter l'effet, & de refter ;
au-lieu que ne pouvant y avoir aucun moyen de refter en aucun endroit dès
qu'il eft enfilé du Canon, & toute l'étenduë de la Place, où la Garnifon
devoit fe pofter pour difputer la Bréche, étant effectivement enfilée, fans
qu'il pût y avoir aucun remede, il falloit de néceffité fe réfoudre à périr en
reftant, ou chercher à fe fauver par la retraite.

Voilà les raifons qui m'obligérent en cette occafion de faire une chofe
dont je me ferois bien gardé, fi la Garnifon avoit pû être à couvert de nos
Bateries, & en état de nous difputer le terrain, & défendre la Bréche. Voyant que les Affiégés avoient fait une faute de ne point fe couvrir dans leurs
Poftes, il me fembloit jufte d'en profiter pour le fervice du Prince, bien
perfuadé que la dépenfe pour la réparation d'une douzaine de méchantes
Maifons n'étoit point à comparer avec l'utilité d'une promte reddition de la
Place ; d'autant plus que l'expédition étoit tellement preffée, que le Géné-
ral en Chef me fit l'honneur de me dire après le Siége, que j'avois bien fait,

V   &

& que fi nous avions encore tardé deux ou trois jours, la Place auroit été fecouruë.

Ceux qui verront cet Ecrit, feront peut-être furpris de ce que je ne dis pas mon fentiment fur les Méthodes des autres Ingenieurs, tant anciens que modernes mais il leur fera facile d'appercevoir que mon deffein n'eft nullement de critiquer les Siftêmes des autres, & que je rapporte feulement en divers endroits ce qu'ils difent avoir reconnu par expérience ; d'autant qu'il eft inconteftable qu'après la Théorie ou la fpéculation, l'Expérience ou la pratique, eft le plus grand Maître dans l'Art de la Fortification, comme dans tous les autres.

C'eft affez parler de la *Fortification* par rapport à l'*Attaque* & à la *Défenfe* des Places. Je finirai ce Difcours en prennant la liberté de recommander aux Ingenieurs, que s'ils veulent préfenter aux Princes des *Plans* fuivant cette Méthode, ils ayent du moins le foin de les dreffer, comme ils doivent l'être. Je dis ceci parce que de mes Amis m'ont écrit, qu'il en avoit été préfenté avec divers retranchemens, & augmentations. Or retrancher ou augmenter dans un *Plan* de Fortification, c'eft une chofe fort délicate, fur tout à l'égard de la Méthode que je propofe. Mais lorfqu'on dreffera les *Plans* fuivant toutes les mefures & les vûës que cette Méthode demande, on peut être perfuadé, que bien loin d'en reffentir quelque déplaifir, j'en ferai très-content, ne l'ayant donnée qu'à deffein qu'il en foit fait ufage pour la fûreté des Païs, & la confervation des gens de Guerre. Si je n'ai pas eu l'occafion ni les moyens de faire valoir moi-même pour le fervice de l'Etat, ce que l'Expérience, fouvent très-périlleufe, l'application & le travail de longues années m'ont fait découvrir, je ferai au moins bien aife de voir, que d'autres en ont profité, & s'en font fervis pour la même fin.

Lors donc que je dis, qu'en préfentant des *Plans* ou des *Projets*, on doit bien prendre garde de les donner comme il faut, j'entens, s'il faut les donner plus grands, ou plus petits. Nous fçavons déja que les grands *Retranchemens* ne font point avantageux, à moins qu'on n'y apporte les précautions requifes pour une bonne défenfe, & qu'on y ajoûte la défenfe intérieure, autrement ils ne peuvent être d'utilité. On ne manque point d'exemples à ce fujet, comme *Dennain*, *Straelfond* & autres qu'on pourroit citer, s'il en étoit befoin. On pourroit auffi rapporter en détail les grandes pertes, qui ont été les fuites de ces grands *Retranchemens*, au lieu de la fûreté qu'on en avoit attenduë.

On ne devroit jamais confeiller à un Prince de faire de grandes dépenfes à fortifier une grande Ville, à moins qu'elle ne fût fur le bord de la Mer, pour avoir une communication libre: excepté ce cas-là, il vaudroit bien mieux y adjoûter un bon Fort, ou une bonne Citadelle. D'autant que, quand il y auroit dix mille hommes dans une grande Ville, pour la défendre, quinze mille feulement avec la Méthode que je pourrois donner, la pourront bloquer d'une maniere que perfonne ne pourra ni y entrer, ni en fortir. Or on fçait la grande quantité de provifions qui feroient néceffaires à l'entretien d'une grande Ville & d'une forte Garnifon, pour que la famine ne pût point en peu de tems la forcer de fe rendre.

En effet un Prince n'eft pas feulement obligé de faire de grandes dépenfes pour munir toutes les grandes Places fur la Frontiere, il doit auffi mettre de fortes Garnifons dans toutes, ne pouvant point prévoir fûrement, qui fera celle qu'on attaquera la premiere; de la vient qu'en tems de Guerre les Armées

mées qu'il doit avoir en Campagne, se trouvent foibles; ne pouvant point tenir tête à celles des Ennemis qui au-contraire se voyant les bras libres, ravagent le Païs, assiégent les Places, ou les bloquent pour les affamer.

Si donc au-lieu de grandes Places il y en avoit de petites, où il ne sera besoin que de peu de Munitions de guerre & de bouche, les Garnisons étant peu nombreuses, il lui sera plus facile d'avoir en Campagne de bonnes Armées & bien entretenuës; ce qui me paroît être un avantage préférable à celui des grandes Places.

Le plus salutaire moyen, pour couvrir la Frontiere d'un Etat, seroit donc d'avoir de petites Forteresses, qu'on pourra défendre avec de petites Garnisons d'un ou deux Bataillons tout au plus, qu'on pourra facilement pourvoir de provisions de guerre & de bouche, & qu'on pourra mettre en état de soûtenir une bloquade, qui donnera loisir aux Armées du Prince de se mettre en Campagne, pour les secourir.

On n'aura pas besoin de si grands Magazins de poudre dans les petites Places. Le triste Exemple que nous avons de *Corfu*, ou le Fort de la *Campana* a sauté, & a enterré le Càpitaine Général avec presque toute sa suite de quinze à seize cens hommes, comme l'ont dit les Nouvelles publiques, devroit aussi apprendre à ne point mettre une grande quantité de Poudre en un seul endroit, & jamais sous le Rampart capital. Car si un accident de cette nature arrivoit pendant un Siége, le malheur ne seroit pas seulement de perdre le Magazin, mais bien plus d'avoir fait une Bréche par où les Ennemis pourroient entrer.

Il sera donc plus avantageux d'avoir plusieurs Magazins situés en divers endroits des Ouvrages détachés, avec des Sentinelles particulieres qui en prendront soin, outre que les Sentinelles de dessus le Rampart capital pourront aussi y avoir l'œil. On les peut construire d'une maniere, que si par malheur il en venoit à sauter quelcun, on n'y perdroit point de monde, la perte de la poudre n'en seroit pas si considérable, & les Ennemis ne trouveroient point de Bréche toute faite à leur avantage.

Il faut sur-tout tâcher de ne rien laisser manquer dans une Place qu'on craint d'être bloquée. J'ai vû un petit Fort sur une Montagne au bas de laquelle est située une Ville dont la muraille renferme la Montagne. On peut effectivement dire qu'en y mettant trente hommes, il n'est pas possible de les prendre que par famine. Cette petite Garnison pourra donc tenir longtems avec peu de munitions: Il y a une Citerne avec de l'eau de pluye, mais elle n'est pas couverte contre la Bombe; de sorte que si par malheur il en tombe une dedans, l'eau en sera gâtée, en ce cas la Garnison seroit obligée de se rendre. On voit par cette faute qu'il ne sert de rien d'avoir une bonne Forteresse, quand on ne prend point toutes les précautions nécessaires; sur-tout, lorsque le Prince le peut faire à peu de fraix, n'étant ici question que d'y faire une voute à l'épreuve de la Bombe.

On trouvera dans ce Recueil plusieurs sortes de Forteresses qui seroient plus utiles sur une Frontiere, que ne le sont les grandes Villes. On pourra même s'en servir de quelques unes au lieu de Citadelles, par exemple, de celles qui sont marquées A. K. L. M. R. & U. On les peut faire plus petites ou plus grandes, comme on le jugera nécessaire. Un Ingenieur qui entend son métier, peut le faire facilement, & suivant le Terrain.

J'ai donné dans le Discours sur le *Plan* B. un Calcul touchant les fraix des Places A. & B. mais il est nécessaire d'examiner le Terrain, où le Prince veut avoir une Forteresse, & lorsqu'on peut y avoir un Fossé

plein

plein d'eau, il n'eſt pas beſoin de maſſonnerie aux Ouvrages; car on peut leur donner un bon talud, en y faiſant un placage, ou un gazonnage, pour faire tenir la terre. Quand une Place n'eſt point ſujette à des ſurpriſes, ces ſortes de *Ramparts* ſont auſſi bons que de la Maſſonnerie, quelque fois meilleurs, & l'on voit le ménage que les Souverains y peuvent faire, étant certain qu'une muraille coûte beaucoup, ſur-tout lorſqu'on eſt obligé de piloter pour faire un bon fondement.

Je dis donc que le Prince pourra donner les Maiſons que j'ai marquées, par exemple, dans l'enceinte de la Forterſſe U. à quelques Bourgeois. Dans la gorge de chaque *Baſtion* on pourra conſtruire un Corps de *Caſernes*, comme je l'ai marqué, pour y loger la Garniſon. On peut auſſi bâtir un petit Corps de *Caſernes* en forme de *Redoute* quarrée dans le Terre-plein du *Baſtion*, pour y loger une Compagnie, en faiſant un Foſſé ſec autour de cette eſpéce de *Redoute* : les gens y ſeroient en ſûreté contre les ſurpriſes. Outre cela rien n'empêchera de conſtruire ces eſpéces de *Redoutes*, ou *Caſernes* à l'entour des Maiſons des Bourgeois, & les environner d'un Foſſé étroit & profond. On en voit la défenſe marquée. De cette maniere un Commandant ſera en état de pouvoir hardiment défendre la *Bréche* dans un *Baſtion*, ſans craindre que les Ennemis puiſſent lui emporter toute la Forterſſe dans un Aſſaut.

Les Forterſſes dont je parle, ſe trouveront plutôt dans le *Triangle* & le *Quarré*, que dans les autres Figures, non pourtant les deux dont j'ai propoſé les *Plans* ci-deſſus ſous les lettres P. & Q. non plus que quelques autres que j'ai données en differens tems à des Amis, quoique toutes celles-là ſoient bonnes, & meilleures que celles qu'on a coûtume de conſtruire ſuivant la Méthode ordinaire. Mais voici une idée que j'eſtime encore plus convenable. On peut poſter trois petits Forts, qui auront chacun *Faces*, *Flancs* & *Courtines* : ils ſe défendront les uns les autres avec la *Courtine* à coups de Canon & de Mouſquets : Ils ſeront ſimplement entourés d'un *Chemin-couvert*, dont l'entrée doit, & peut-être défenduë à coups de Mouſquet, & avec une Baterie de dix pieces de Canon de tous côtés ſans doubles Flancs; de ſorte que ſi l'on vouloit attaquer cette Place par tous les côtés en même tems, les Aſſiégés ſeroient auſſi en état de recevoir les Aſſiégeans avec ſix Bateries dans un *Triangle*, & avec huit Bateries dans un *Quarré*. Cette Forterſſe avec le *Chemin-couvert* ne doit occuper qu'un Terrain de cent ſoixante verges Païs du *Rhin* en diametre, qui font huit cent pas communs. J'eſtime ces Places aſſez fortes : elles ſeroient de peu de dépenſe, faciles à défendre, & elles pourroient être perfectionnées en très-peu de tems.

On pourroit trés-bien, & ſans qu'il en coûtât de groſſes ſommes à l'Etat, mettre les *Flancs* & même toute la Garniſon à couvert contre les Bombes, dans des eſpéces de *Caſemattes*, n'ayant pas beſoin d'en ſortir, pour ſe bien défendre. Ce qui n'eſt pas poſſible à mettre en pratique dans la Fortification ordinaire.

Peut-être ſera-t-on ſurpris de ce que je n'en donne pas ici de *Plan*. Ce n'eſt plus par miſtere que je ne l'ai pas fait, mais j'ai des raiſons particulieres qui m'en empêchent pour le préſent.

F I N.

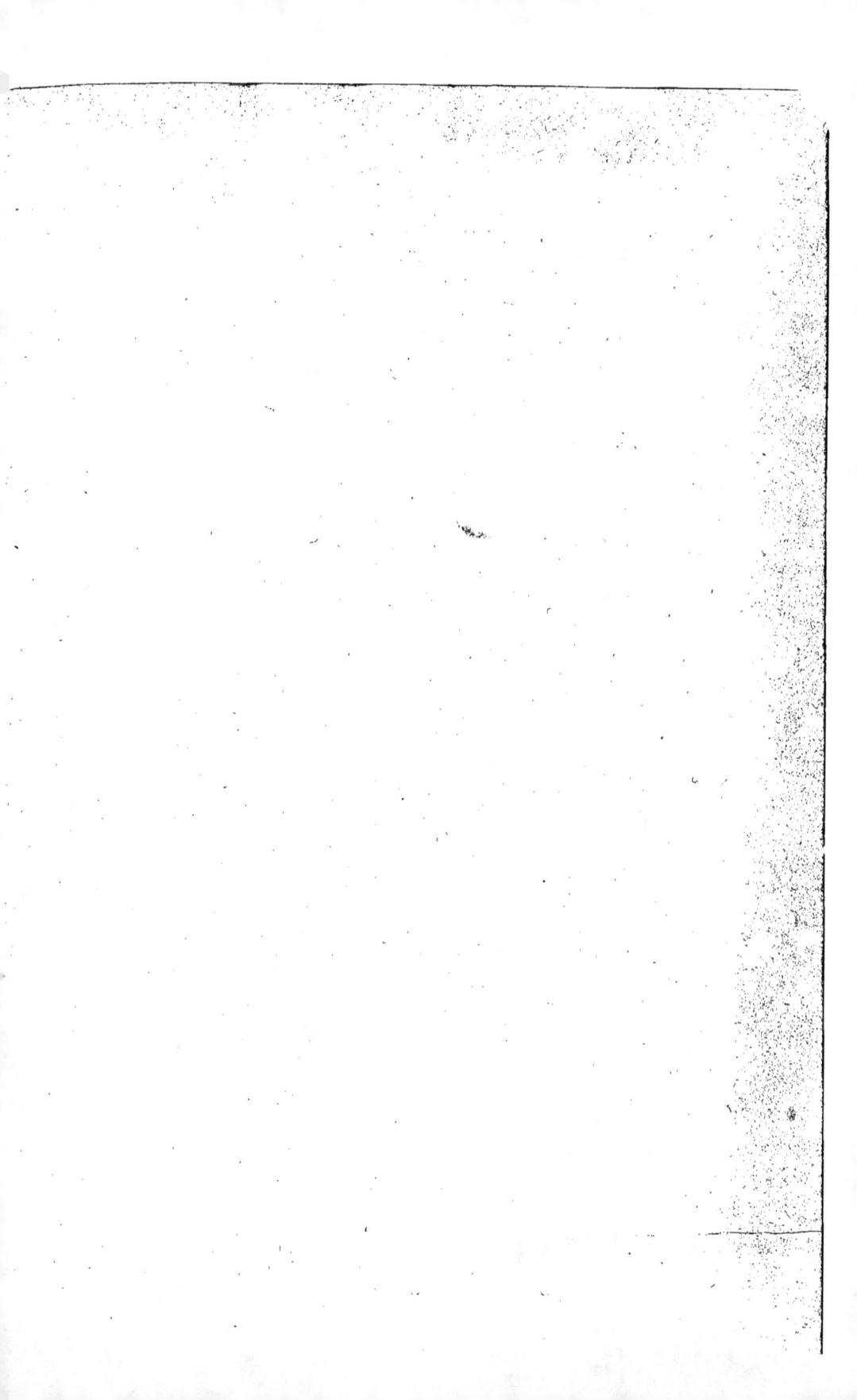

www.ingramcontent.com/pod-product-compliance
Lightning Source LLC
Chambersburg PA
CBHW052039270326
41931CB00012B/2559